Escuchar a Dios

Una coleccion de Revelaciones de Dios diariamente

LILY L. LOH

ISBN: 9781733067478

Published by

PO Box 3619

Vista, CA 255 92085-3619

eudistsusa.org

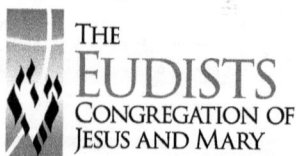

TABLA DE CONTENIDO

DEDICACIÓN

A

Mi amoroso Padre en el cielo

A

Jesucristo, mi esposo

Al

*Espíritu Santo que
me inspira*

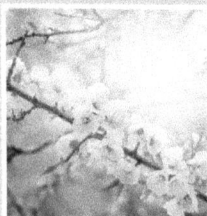

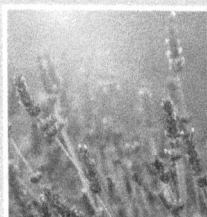

PREFACIO

Por el P. John H. Hampsch, C.M.F.

A menudo, podemos satisfacer rápidamente nuestro deseo de algo dulce con un simple caramelo suave. Pero a veces es posible que uno prefiera una dulzura duradera, y entonces opte por un caramelo duro, que se disuelva lentamente.

Nuestra sagrada liturgia católica cuenta con innumerables gemas de revelación que nos comunican ideas inspiradoras que a veces llamamos "susurros divinos de amor". Algunas de ellas proporcionan al alma una momentánea pero satisfactoria elevaci ón espiritual, de la misma manera que el caramelo satisface inmediatamente al "antojo" de un dulce. Otros pasajes litúrgicos de la Palabra de Dios nos dan una percepcón mucho más duradera como la del "caramelo duro" con sabor a gracia y amor prolongado.

Este pequeño tratado es una "tienda de dulces" sin pretensiones, pero bien provista de los dos tipos de dulces por su creadora, Lily Loh, que ha unido sus propias ideas a extractos de las Escrituras de la liturgia eucarística. Los lectores que tomen tiempo para disfrutar esta "colección de confecciones" pronto experimentarán el poder transformador de la palabra de Dios en sus vidas.

Fr. John H. Hampsch, C.M.F.
Autor de la cura de su árbol genealógico

PREFACIO

Por el Rev. Mons. Richard F. Duncanson

"Escuchar a Dios Diario" es una deliciosa invitación para descubrir cómo Dios nos habla cada día a través de las lecturas en la Misa. El Concilio Vaticano II nos recordó que cuando las Escrituras se leen en la Misa, es verdaderamente Jesucristo quien nos está hablando. Pero ¿realmente escuchamos? El libro "Escuchar a Dios diariamente" nos ayuda no sólo a escuchar a Jesús, sino a recordar y a reflexionar sobre lo que Él nos está diciendo.

El método de Lily Loh es uno que puede funcionar para todos y cada uno de nosotros. Leer su libro ciertamente nos animará a probarlo."

Rev. Mons. Richard F. Duncanson
Pastor de la Misión Basílica San Diego de Alcalá

EXPRESIONES DE GRATITUD

Mi agradecimiento especial a Pauline Wright, que me animó a comenzar a escribir en el diario hace unos años. Ella me enseñó a escuchar al Espíritu Santo. Desde entonces, he estado escribiendo todos los días.

Mi gratitud a Angie Lake, que me ha enseñado tanto en el Estudio Bíblico de Mujeres Cristianas. Ella me ha inspirado a meditar ya escribir las visiones y revelaciones de Dios después de leer las Escrituras.

Estoy siempre agradecido a mis buenos amigos que me han ayudado con mi manuscrito, Jackie Eginton, Kathryn y Dan Kremer y Thor Strom. Han pasado muchas horas haciendo correcciones y sugerencias. Gracias a Judy O'Connor que hizo un excelente trabajo en el diseño de la portada del libro para mí. Mis amigos Kitty Morse y Carole Bloom, que han escrito muchos libros, me dieron muchos consejos útiles y aliento.

Sin los ministros de oración sanadores que han orado por mí y me han animado, este libro nunca habría sido escrito. Su amor y apoyo para mí no tienen precio. Quiero agradecer especialmente a Helena Kim, a la Dra. Janice Nadler, a Cory Graves, a Kathy Lawson, a Mary Ann Schuyler y a muchos otros amigos en el ministerio de sanación.

Muchas gracias a mi familia, especialmente a mi suegra, Grace Loh, a mi hija Christina Loh y a mi hijo Derek Loh por su estímulo y apoyo. Agradezco especialmente a mi hermana, Helen Tsou, y a mi hermano Thomas Lee, cuya fe y amor a Dios son ejemplos para mí.

Por último, pero no menos importante, quiero agradecer a Dios Padre por la Santa Biblia, que contiene las palabras vivas para mi meditación diaria . Gracias, Jesús, por tus palabras de sabiduría. Sin el Espíritu Santo, este libro nunca se habría convertido en una realidad.

INTRODUCCIÓN

¿Te gustaría tener un amigo que te llama y comienza a hablar y hablar sin parar? Cuando él o ella termina de hablar, cuelgan y nunca te dan la opor tunidad de responderles. Esta es la forma en que muchas personas hablan con Dios. Rara vez nos molestamos en escuchar lo que Dios quiere decirnos en respuesta a nuestra oración. Jesús nos llama a ser sus amigos. Sin embargo, muchos de nosotros nunca sabemos cómo escucharlo.

Hace varios años Pauline Wright, nuestra directora de música y coordinadora del ministerio de sanación, oró por mí durante uno de nuestros servicios de sanación en la iglesia de St. James. Ella me dijo que vio un lapicero por encima de mi cabeza y que Dios me estaba llamando para comenzar a escribir un diario. Desde ese día, leo las lecturas bíblicas para la misa diaria cada mañana y escucho lo que siento que Dios me está revelando a través de la Escritura. Luego escribo mis reflexiones en mi diario.

Durante ese mismo tiempo, yo estaba participando en el estudio bíblico de Mujeres Cristianas de la comunidad de St. Elizabeth Seton conducido por Angie Lake. Cada semana teníamos tarea. Al final de cada página tuvimos que escribir nuestras meditaciones y revelaciones. Este ejercicio me ayudó a aprender a escuchar a Dios de una manera más profunda.

Al principio mi página del diario estaba llena de mis propios pensamientos y muy pocas palabras de Dios. Al segundo año, pude escuchar a Dios cada vez más. Gradualmente dejé de escribir mis propias reflexiones y toda la página se convirtió en lo que Dios me estaba diciendo a través de palabras o visiones. Muchas personas se sorprenden a menudo cuando les digo que estoy escribiendo lo que Dios me está hablando. Jesús dijo: "Yo estoy con vosotros hasta el fin de los tiempos." (Mateo 28:20) Él está hablando con cada uno de nosotros durante todo el día. ¿Estamos escuchando? Estamos tan ocupados y distraídos por el mundo que nos rodea. No es fácil estar totalmente callados para oír la voz del Señor.

En la Biblia, muchos versículos nos invitan a escuchar a Dios. "Escucha mi voz; entonces Yo seré tu Dios, y tú serás mi pueblo". (Jeremías 7;23) "O si hoy escuchases su voz" (Salmo 95:7) En la Transfiguración, Dios dijo a los tres discípulos, Pedro, Santiago y Juan, "Este es mi hijo amado en quien me complazco, escuchadle" (Mateo 17:5). ¿Cómo podemos poner eso en práctica nosotros mismos?

Para mí, las mañanas son el mejor momento para meditar y escuchar a Dios porque este es mi momento más tranquilo del día. Generalmente me despierto alrededor de las 6:00 a.m. de la mañana. Lo primero que hago es leer las Escrituras diarias de la Misa al menos dos veces. Luego escojo una frase que me habla. Elijo una palabra o dos para mi meditación ese día. Luego, me siento en silencio y pido al Espíritu Santo que me abra para recibir la Palabra de Dios. Por lo general, después de unos minutos de silencio total, escucho a Dios hablando conmigo en mi espíritu. Escribo las palabras de Dios con tinta roja. Cualesquiera de mis propias respuestas o preguntas a Dios están escritas en una tinta de color diferente. De esta manera, cuando vuelvo a leer las notas del diario en cualquier momento, sé que las palabras rojas son las que sentí que Dios me dió ese día en particular. Sus palabras son como una espada de dos filos. Son poderosas.

Cuando releo mis antiguas anotaciones las palabras de Dios todavía me hablan de una manera muy significativa.

Aquí hay algunas sugerencias para ayudarte a iniciar el registro en su diario:

1. Para entrar en el estado de ánimo de escuchar, localice un lugar tranquilo donde pueda anotar en el diario sin ninguna interrupción.

2. Siéntese erguido, respirando lenta y profundamente unas cuantas veces.

3. Relájese y sienta la presencia de Dios.

4. Invite al Espíritu Santo para que lo guíe y lo ilumine.

5. Lea las Escrituras del día o cualquier pasaje de la Biblia lentamente y deje que las palabras le hablen. Lea atentamente dos veces, notando cómo estas palabras le afectan.

6. Cierre los ojos y quédese quieto. Concéntrese en Jesús o en Dios Padre o en el mensaje de esa Escritura.

7. Recoja su bolígrafo. Anote la fecha en su página, y escriba su nombre como si Dios le estuviera dictando una carta directamente a usted. Luego, escriba lo que venga a su mente. No se preocupe por errores de ortografía o gramática.

8. Después de escribir, agradezca a Dios por lo que se le ha revelado y vuelva a leer todo lo que ha escrito. Al principio, usted podría tener sólo unas pocas palabras o una oración. No se desanime.

Poco a poco, usted será capaz de escribir una página o dos. Usted probablemente ha oído "una imagen vale más que mil palabras". A veces Dios te dará una visión o escena en tu mente en lugar de palabras. Como soy una persona muy visual, a menudo Dios me habla en esta forma.

¿Cómo sabes que estos escritos, visiones y enseñanzas son de Dios?

Al principio, lo recibes de Dios, la Biblia nunca se contradice porque la Palabra del Señor es la Verdad. Dios quiere revelarnos la verdad.

En segundo lugar, no hay condenación de nuestro Dios amoroso que está siempre aquí para afirmarnos y enseñarnos, incluso cuando estamos siendo corregidos. Jesús dijo que no vino a condenar sino a salvar. Él quiere construir una relación íntima con nosotros, dejándonos saber cuánto nos ama.

En tercer lugar, estarás contento de haber tomado esta media hora para pasar solo con Nuestro Señor y verás con el tiempo que da buen fruto. Estoy segura de que te sorprenderá la gracia del amor misericordioso de Nuestro Señor.

Al escribir este libro, espero inspirar a otros a escuchar a Dios a través de la práctica de escribir en el diario. Me ha ayudado enormemente durante los últimos años. Al pasar este tiempo a solas con el Señor cada mañana, ahora me siento más cerca de Dios y me doy cuenta de que Dios realmente me ama. Además, al meditar en las Escrituras, la Misa ha llegado a ser muy significativa para mí. Durante todo el día, estoy consciente de la presencia de Dios. En muchos sentidos, escucho y experimento al Señor hablando conmigo.

Espero que este libro te anime a comenzar a escribir en tu propio diario. Así como Dios ha bendecido mi tiempo de quietud, así serás seguramente bendecido. ¡Que el Espíritu Santo; te guíe y te llene de sabiduría y alegría!

Bendiciones y oraciones,
Lily L. Loh.

ENERO

UN HEREDERO

"Así que ya no eres esclavo sino hijo, y por lo tanto, heredero por la gracia de Dios".

GÁLATAS 4: 7

En mi visión vi a Dios nuestro Padre de pie delante de Jesús, que estaba rodeado de todos los que lo aman. Jesús nos trajo a su Padre y nos presentó a él como sus hermanos y hermanas. Dios me dijo: "Mi precioso hijo todo aquel que reconoce a mi Hijo será salvado. Ahora eres mi hijo y heredarás todo lo que he planeado para ti. Disfrutarás de la vida eterna y de la paz más allá de tu entendimiento. Estarás rodeado de amor en el cielo. Tú serás llamado mi elegido. Cada vez que me llames 'Abba', te responderé porque te he hecho mi heredero. Así que regocíjate y alégrate. ¡Es un día de celebración!"

Señor, te agradezco por haberme adoptado como tu hijo. Estoy muy contento de ser parte de tu santa familia, Padre, Hijo y Espíritu Santo.

ESTRELLA

"Porque vimos su estrella en Oriente
y hemos venido a adorarlo"

MATEO 2: 2

Mi hijo precioso, cuando estás en el punto más bajo de tu vida es cuando me revelo a ti. Vengo a aquellos que son sencillos, necesitados y totalmente dependientes de mí. El sabio podrá encontrarme en el mundo y en mi palabra. Siempre estoy allí como una estrella para guiarte. Todo lo que necesitas hacer es mirar hacia el cielo. Deja ir todos tus deseos terrenales. Sé observador como los pastores y los magos. Me verás y me encontrarás, porque me revelaré a todos los que me busquen. Vengo como un bebé recién nacido, totalmente humilde y cariñoso.

Mi Jesús, anhelo mantenerte en mis brazos.
Te amo con todo mi corazón.
Guíame al camino correcto

ESPÍRITU DE DIOS

> *"En esto reconocerán al que está inspirado por Dios: todo el que confiesa a Jesucristo manifestado en la carne, procede de Dios. Y todo el que niega a Jesús, no procede de Dios, sino que está inspirado por el Anticristo, por el que ustedes oyeron decir que vendría y ya está en el mundo."*
>
> I Juan 4: 2-3

No te dejes engañar por el mundo, hija mía. Sólo mi hijo, Jesús, es el verdadero Dios. Él te llevará a mí. El es el camino, la Verdad y la Vida. El que cree en él, tendrá el Espíritu Santo. Invoca el nombre de Jesús a menudo y él te llenará de amor y paz más allá de tu entendimiento. Su nombre tiene poder para vencer todo mal. Cuando ores en su nombre, él hará todo lo que le pidas. No tengas miedo de invocarlo. Le encanta escuchar tus oraciones. Él te contestará siempre. Como un buen pastor, vendrá a rescatarte cuando lo necesites. Él te llevará a la seguridad. Siempre estará allí para ti.

> *Jesús, yo confío en ti.*
> *Sé que tu espíritu es verdad.*
> *Tú eres el Hijo de Dios.*

ENGENDRADO POR DIOS

> *"Queridos, amémonos los unos a los otros,*
> *porque el amor procede de Dios, y el que*
> *ama ha nacido de Dios y conoce a Dios."*
>
> 1 JUAN 4: 7

Mi hijo precioso, eres engendrado por Dios. Tú estas hecho a nuestra imagen y semejanza. Tú eres nuestro hijo amado, porque fuiste concebido en el vientre de tu madre con amor. Tu creciste rodeado de tu familia cariñosa. Tu fuiste nutrido y mimado por todo el mundo. Todo el amor que has recibido es de mí, porque te amo con un amor eterno.

Ahora ve y difunde este amor a toda tu familia y amigos, especialmente a aquellos que son menos afortunados que tú. Tu has sido ricamente dotado. Ahora ve y comparte lo que tienes con los demás. Deja que el ejemplo de Elizabeth Seton sea tu guía. Ella también era una madre y después fundó a las Hermanas de la Caridad. Ve y difunde mi amor a los demás.

Padre amoroso, gracias por todo tu amor.
Gracias, Jesús, por morir en la cruz por mí.
Gracias, Espíritu Santo, por entrar en mi corazón.

CORDERO DE DIOS

> *"Este es el Cordero de Dios, que*
> *quita el pecado del mundo."*
>
> JUAN 1:29

En mi visión vi un pequeño cordero listo para ser sacrificado, cocinado y comido. Jesús me dijo: "Hijo amoroso he sido muerto para que vivas. Dí mi vida por ti para que tuvieras mi carne para comer y mi sangre para beber. Sin mí, no tendrías vida en ti. Conmigo tendrás una vida abundante. Una vida llena de amor y alegría. Una vida llena de significado y propósito. Una vida llena de mi alegría. Tu te sentirás tranquilo y recompensado. Tu te sentirás realizado porque estarás lleno de mi Espíritu. Él te guiará y te protegerá de todo daño. Él te guiará en el camino correcto. Él te dará fuerza para soportar todas las dificultades por mi causa. Tú eres mi hijo amoroso y nada nos separará. Te amo."

> *Señor Jesús, te agradezco por haber*
> *venido a este mundo para salvarme.*
> *Te amo con todo mi corazón.*

COMIDA

«Denles de comer ustedes mismos». Ellos le dijeron: «Habría que comprar pan por valor de doscientos denarios para dar de comer a todos».

MARCOS 6:37

Mi querida niña, nunca te pido que des más de lo que puedes ofrecer . Todo lo que te pido es compartir con los necesitados lo que tienes. Pude multiplicar un poco de pescado y pan que mis discípulos tenían y darles de comer a 5.000 hombres. Todo lo que compartas con los demás, siempre tendrás suficiente para ti. Puedes confiar en mí.

Mis discípulos tenían doce canastas de sobras. Cada discípulo recibió más de lo que dió. ¿Me entiendes ahora? Es más bendecido dar que recibir. Dale generosamente a todos los que te pidan. Tu recompensa será grande en el cielo.

Dame un corazón generoso como el tuyo, Jesús. Ayúdame a estar siempre dispuesto a compartir con otros lo que me has dado.

ASESINO

El que odia a su hermano es un homicida, y ustedes saben que ningún homicida posee la Vida eternal

JUAN 3:15

El odio mata; El amor da vida. Elije siempre perdonar y amar. No dejes que ningún odio entre en tu corazón. Llena tu corazón de compasión y misericordia. El odio es del maligno. Es como el veneno que mata el alma. Elije la vida, el amor y la alegría. Vine a este mundo no para condenar sino para amar. Recibe mi amor y tu amor por los demás aumentará.

Yo soy tu pozo sin fondo de amor. Señor, dame más de tu amor para que pueda amar a todos aquellos que no me aman a cambio.

IGNORANCIA DE DIOS

Sí, vanos por naturaleza son todos los hombres que han ignorado a Dios, los que, a partir de las cosas visibles, no fueron capaces de conocer a «Aquel que es», al considerar sus obras, no reconocieron al Artífice.

SABIDURÍA 13: 1

En mi visión vi a un botones que entregaba una caja grande a una señora. Estaba tan eufórica con el presente que nunca preguntó de quién era. Jesús me dijo: "Hija mía, así es como son los necios en este mundo. Ellos admiran la naturaleza y la belleza del mundo que he creado, pero nunca reconoce n al creador. Sólo los sabios saben que todo viene de mi. Padre que ama prodigar cosas buenas a sus hijos. Pero tu, mi niño, tu lo conoces y lo amas más que a cualquier cosa aquí en la tierra. Él es el dador de toda bondad que te rodea. Todo lo que tienes, viene de él. Amalo y aprécialo, sobre todo. Un día lo verás cara a cara y serás impresionado por su belleza y su amor por ti".

¡Dios mío y mi Señor!
Eres mi creador y mi todo.
No hay nadie como tú.

EN ESPLENDOR

> *¡Levántate, resplandece, porque llega tu*
> *luz, la gloria del Señor brilla sobre ti.*
>
> Isaías 60: 1

Mi precioso hijo, para que recibas mi luz, necesitas arrepentirte y confesar tus pecados diariamente. Sé limpio se impecable para que mi luz pueda brillar a través de ti a los demás. Estoy muy contento contigo, hijo mío, especialmente cuando te relajas y escuchas mi voz. Tú has purgado tu propia agenda y has dado cabida a todos aquellos que están en necesidad de mi amor. Ve y sé mi luz.

> *Señor, que tu luz brille a través de mí*
> *sobre los demás. Mi alma magnifica*
> *a mi Señor y mi Salvador.*

AMAR Y BENDECIR

"Él te amará, te bendecirá y te multiplicará;
Él bendecirá el fruto de tu vientre."

DEUTERONOMIO 7:13

Cuando mis discípulos vinieron a despedir la multitud, les dije que les dieran comida ellos mismos. Así también, quiero que des amor y bendición a todos y multiplicaré tu amor y bendiciones diez veces. Pero, primero tienes que darles lo que tengas. Sólo puedo hacer milagros cuando cooperas conmigo y confías en mí. Quiero bendecirte y proveer a todas tus necesidades. Incluso tus hijos y tus nietos serán bendecidos por ti.

Abre mi corazón y mis manos, Señor.
Déjeme ser tan compasivo y generoso
con todos como tú lo eres.

ÁNGELES

"Que todos los ángeles de Dios le adoren."

HEBREOS 1: 6

Mis ángeles me rodean donde quiera que vaya. Estuvieron allí el día que nací. Ellos anunciaron a los pastores en el campo acerca de mi nacimiento. Estaban allí cuando sufrí en el jardín rezando solo. Mis discípulos estaban demasiado cansados para orar conmigo. Todos estaban dormidos. Pero mis ángeles me ministraron y me animaron. Tus ángeles también estaban allí para tí cuando naciste. Te han guiado a lo largo de tu vida, especialmente en tiempos de tu necesidad. Ellos te aman y te protegen. Ellos te acercarán más a mí. Ellos te guiarán en el camino correcto. Están allí para servirme y para servirte. Ellos han sido creados para ti y para mí.

Mi ángel de la guarda, quédate conmigo hoy. Guíame al corazón de Jesús. Que nunca me separe de él.

LOS OTROS 7 ESPÍRITUS

Entonces va a buscar a otros siete espíritus
peores que él; vienen y se instalan allí. Y al final,
ese hombre se encuentra peor que al principio.
Así sucederá con esta generación malvada».
MATEO 12-45

Mi precios o, hay espíritus buenos y hay espíritus malignos. Los buenos espíritus son espíritus de amor, compasión, misericordia, amabilidad, mansedumbre y paciencia. Los espíritus malignos son espíritus de avaricia, odio, celos, orgullo, ira, lujuria y pereza. Llénate del Espíritu Santo y no habrá lugar para que los espíritus malignos se muevan en tu alma. Mantén tus ojos fijos en mí y sígueme atentamente. Nunca vaciles en tu deseo de complacerme. Sólo de esta manera mantendrás al malvado alejado. Guarda los mandamientos y sé buena. Que nada te distraiga de mí. Haz espacio sólo para mí. Conmigo no tendrás nada que temer.

Ven, Señor Jesús. Ven y habita en mi corazón.
No me separes de ti. Déjame ser uno contigo.

BAUTISMO

> *"Entonces Jesús fue desde Galilea hasta el Jordán y se presentó a Juan para ser bautizado por él."*
>
> Mт 3:13

Mi preciosa niña, no te preocupes por tus hijos. Ellos son mis hijos también. Quiero que tengan el Espíritu Santo tanto como tú. Pero primero deben someterse a Dios, como yo lo hice en el río Jordán. Entonces Dios, mi Padre, los empapará con el Espíritu Santo. Sigue orando por ellos todos los días. No te rindas. Todo ocurrirá a su debido tiempo.

Gracias, Dios, por amarme a mí y a mi familia. Sé que tienes el mejor futuro en mente para todos mis seres queridos. ¡Señor Jesús, confío en ti!

CORONA GLORIOSA

"Serás una espléndida corona en la mano del Señor, una diadema real en las palmas de tu Dios."

Isaías 62: 3

Eres mi delicia. Disfruto sosteniéndote en mis manos. Como un lirio — eres pura y verdadera. Amo mirar tu belleza interna. Sabes amar. Eres obediente. Eres preciosa en mis ojos. Te amo más de lo que tus hijos te aman. Me encanta tenerte como mi prometida. Estaré contigo siempre y te guiaré en todo lo que hagas. Me preocupo por cada detalle de tu vida. Eres mía.

Señor, soy tuya. Te doy mi corazón y mi todo. Mantenme siempre cerca de tu corazón. Déjame sentir tu amor para siempre.

LEVANTARSE MUY TEMPRANO

"Por la mañana, antes que amaneciera, Jesús se levantó, Salió y fue a un lugar desierto; allí estuvo orando."

MARCOS 1:35

En mi visión me vi sentada al lado de Jesús en un lugar desierto. Los dos vimos al sol levantarse lentamente. El cielo se cubrió con un hermoso resplandor dorado. Fue en este momento que ambos supimos que Dios estaba con nosotros.

Jesús me dijo: "Mi hija preciosa, es en el silencio que me escucharás hablar a tu corazón. Cuando estés sentada en silencio junto a mí, te darás cuenta de la grandeza del amor de mi Padre por ti. Eres la "niña" de mi ojo. Él te protegerá de todo daño.

Él te protegerá todos los días de tu vida si te quedas cerca de él. Sólo el pecado puede separarte de nosotros. Ven conmigo a un lugar desierto a menudo. Disfruta de la belleza que te rodea. Sólo entonces descubrirás quién eres en realidad.

Mi Jesús, abre mis ojos para verte donde quiera que vaya. Enséñame a orar Abre mis oídos y mi corazón para que pueda oírte mejor.

LO HARÁ

Jesús, conmovido, extendió la mano y lo tocó,
diciendo: «Lo quiero, queda purificado».

Mc 1: 41

Mi hija preciosa, sí, es mi voluntad que todo el mundo sea sanado y salvo. Pero tu tienes que venir a mí y pedir esto. Debes arrepentirte y volverte a mí en todos tus caminos. De lo contrario, la curación no será efectiva. La raíz de muchas enfermedades es el pecado — los pecados de los demás y tus propios pecados. Así que el primer paso es arrepentirse y aceptar mi voluntad para tí. Después de ser sanada, difunde las buenas nuevas a todos los que quieran escuchar. Diles cómo fuiste sanada. Trae a otros a mí, para que yo los cure también.

Gracias, Señor, por sanar mi tuberculosis, úlcera,
cáncer, artritis y muchas otras enfermedades. Tu
eres verdaderamente mi sanador y mi redentor

PECADORES

*Jesús, que había oído, les dijo: «No son los
sanos los que tienen necesidad del médico,
sino los enfermos. Yo no he venido a llamar
a los justos, sino a los pecadores».*

Marcos 2:17

Mi preciosa hija, vengo a llamar a los pecadores porque
se dan cuenta de que me necesitan, ese es el primer paso.
Sin mí, no puedes hacer nada. Conmigo, todas las cosas
son posibles. Un pecador arrepentido tiene compasión y
misericordia por los demás, porque ha recibido misericordia y perdón de mí. Es imposible amar a los demás
si uno nunca ha sido amado. Los justos piensan que lo
tienen todo, mientras que los pecadores arrepentidos se
aferran a mí y buscan mi amor.

*Señor, soy un pecador y necesito tu perdón y
misericordia. Quédate conmigo siempre*

ESCUCHANDO

> *"y dijo a Samuel: «Ve a acostarte, y si alguien te llama, tú dirás: Habla, Señor, porque tu servidor escucha»."*
>
> I SAMUEL 3: 9

Cada vez que me hagas una pregunta, te responderé. Por lo tanto, no tengas miedo de preguntar. Siempre estoy a tu disposición. Pídeme direcciones y te mostraré el camino. Pídeme que te guíe y te llevaré allí. Pregúntame para todas tus necesidades y yo te lo proveeré. Pídeme los frutos del Espíritu y los tendrás. Así que anhela escucharme y escucharás mi voz.

Aquí estoy Señor. Estoy escuchando. Háblame. Envía tu Espíritu Santo sobre mí y seré renovado.

MONTAÑA

> *Después subió a la montaña y llamó a su*
> *lado a los que quiso. Ellos fueron hacia él.*
>
> Marcos 3:13

En mi visión me vi caminando por una montaña con Jesús a mi lado. Fue un trabajo duro, pero me di cuenta de que cuanto menos llevaba (mis preocupaciones y mi pecado) más fácil era subir. Lo único que necesitaba durante la subida era el agua, el agua viva de Jesús, que es su gracia.

Jesús es el camino — él me guía. Jesús es mi luz — él me muestra el camino. Jesús me protege con su bastón y su vara. Él me sostiene.

> *Señor Jesús, gracias por llamarme a subir a*
> *la montaña contigo. Me llamaste y te seguí.*
> *Sin ti, no podría haber llegado a la cima.*

SEÑOR DEL SABADO

Y agregó: «El sábado ha sido hecho para
el hombre, y no el hombre para el sábado.
De manera que el Hijo del hombre
es dueño también del sábado».

Marcos 2: -27-28

Mi preciosa niña, ven a mí siempre y descansa en mí. El sábado es un día reservado para pasar tiempo tranquilo conmigo, para poder refrescarte y renovarte. Cuando estás conmigo, no tienes nada que temer. Te bañaré en mi agua viva. Tú te sentirás rejuvenecido y listo para servir y hacer mi voluntad. Por eso es importante guardar el sábado santo. Porque sin pasar tiempo conmigo no puedes hacer nada. Necesitas ser recargado todos los días por mi gracia. Yo soy tu fuerza y tu vida. Así que ven y descansa en mí.

Señor, gracias por darnos un día para descansar
en el sábado, que es un día santo para pasar
contigo. Tú eres mi Señor y mi Dios.

DUREZA DE CORAZÓN

> *Entonces, dirigiendo sobre ellos una mirada*
> *llena de indignación y apenado por la dureza*
> *de sus corazones, dijo al hombre: «Extiende tu*
> *mano». El la extendió y su mano quedó curada.*
>
> Marcos 3: 5

Hija mía, yo estaba enojado y afligido con los fariseos porque no tenían amor por mí o por los demás. Sólo estaban interesados en seguir la ley, no en amar a la gente. Yo soy un Dios de amor. Nunca me afligirás si pones el amor por encima de todo. Cada vez que amas, actúas como mis hijos. Como hija de Dios, tú heredarás la vida eterna conmigo en el cielo. Así que no endurezcas tu corazón. Pero tengan amor, misericordia y compasión el uno hacia el otro. Imítenme.

> *Señor, dame más de tu amor y tu compasión*
> *para poder amar a los demás como tú me amas.*

SABIDURÍA

*Ella abre su boca con sabiduría y hay
en sus labios una enseñanza fiel.*

PROVERBIO 31:26

Mi preciosa niña, aprende de María, mi madre. Siempre amaba y hablaba sabiamente. Aprende a meditar más y hablar menos. Cada palabra pronunciada se te reproducirá cuando mueras. Así que habla con prudencia. Las palabras tienen poder. Pueden sanar o herir. Siempre habla con amor y bendiciones para los demás.

*María mi madre, ruega por mí.
Ayúdame a hablar bendiciones a otros
y traer alegría a sus almas.*

NUEVO VINO

¡A vino nuevo, odres nuevos!».

MARCOS 2:22

El vino nuevo es el Espíritu Santo. Fue derramado en personas como mis discípulos y mi madre, María. Estaban abiertos y receptivos. Estaban listos para cambiar y expandirse. Ellos eran flexibles y dispuestos a salir a proclamar mis buenas nuevas a otros. Siempre estaban creciendo con el Espíritu Santo. Son modelos perfectos para que imites, hija mía.

Si quieres beber este nuevo vino, debes tener una nueva actitud hacia la vida y hacia los demás. Mi vino traerá alegría a tu corazón. Verás las cosas y a todo el mundo con nuevos ojos. Te sorprenderá lo diferente que será tu visión de la vida. Es casi como vivir en el paraíso. Porque mi vino te dará energía para llevar a cabo las cosas que quiero que hagas por mí. Te vigorizará y fortalecerá. Tú te sentirás mareada de alegría. Así que pide el vino nuevo.

Señor Jesús, tú eres mi gozo y mi vida.
En ti encuentro la verdadera felicidad. Por
favor, lléname con tu Espíritu Santo.

LIGERO

"Yo os haré una luz para las naciones, para que mi salvación alcance hasta los confines de la tierra."

ISAÍAS 49: 6

Mi hija preciosa, siempre ten aceite en tu lámpara. Sin aceite no habrá luz. El aceite es el Espíritu Santo y mi gracia. Lee la Biblia; Ora constantemente y permanece cerca de mí. Sólo de esta manera estarás en sintonía conmigo y con el Espíritu Santo. Sin nosotros no tienes luz para guiar a otros a Dios. Sin mí no puedes hacer nada. Sé mi luz y sé mi amor.

Señor, dame más de tu aceite. De esta manera mi luz nunca se apagara y otros serán guiados hacia ti.

PROCLAMAR EL EVANGELIO

> *Entonces les dijo: «Vayan por todo el mundo, anuncien la Buena Noticia a toda la creación.*
>
> Marcos 16: 15

Hija mía, cuanto más estás conmigo, más valor tendrás para proclamar mi evangelio a todos. Yo te daré la visión y la palabra de conocimiento sobre cómo acercarte a los demás de una manera que ellos te escucharán. Siempre pregúntame primero antes de acercarte a alguien como tu debes proclamar el evangelio a ellos. Sólo de esta manera serás eficaz.

> *Padre amoroso, dame el coraje y la audacia para anunciar la buena nueva a todos los que entran en mi vida.*

RECIBA MISERICORDIA

Vayamos, entonces, confiadamente al trono de la gracia, a fin de obtener misericordia y alcanzar la gracia de un auxilio oportuno.

Hebreos 4:16

Tu siempre perdonas a tu familia cuando te hacen daño. ¿Crees que no haré lo mismo por ti? Porque eres mi hija preciosa, te amo más de lo que nadie en tu familia y amigos te aman. Siempre te perdonaré. Me duele el corazón cada vez que has pecado contra mí. Es por eso que sufrí y morí en la cruz. Ven a mí y te lavaré. Te curaré todo tu egoísmo y falta de compasión por los demás. Cambiaré tu corazón y te daré un nuevo corazón. Yo te restauraré a la persona que te he creado para que seas, porque eres preciosa para mí. Te quiero.

Señor, ten misericordia de mí. Cristo, ten piedad. No soy digno de todo lo que has hecho por mí. Soy una pecadora.

ARREPENTIRSE

*A partir de ese momento, Jesús comenzó
a proclamar: «Conviértanse, porque
el Reino de los Cielos está cerca».*

MATEO 4:17

Mi querida hija, si sólo supieras la seriedad del pecado, la evitarías como a la plaga. El pecado te aleja lentamente de mí. Y antes de que lo sepas, me das la es palda.

Cada vez que pecas, es como tirarme barro y golpearme la cara como hicieron los soldados. Así que arrepiéntete siempre. Sólo a través del arrepentimiento serás capaz de cambiar. Sin arrepentimiento, seguirás pecando y alejándote de mí.

*Estoy profundamente arrepentida de
haberte ofendido, mi Señor. Por favor,
dame la gracia de no pecar más.*

HACER TU VOLUNTAD

Entonces dije: Aquí estoy, yo vengo — como está escrito de mí en el libro de la Ley – para hacer, Dios, tu voluntad".

Mi preciosa niña, primero debes abandonar tu propia voluntad antes de que puedas hacer la mía. Después, necesitas seguirme y llevar tu cruz. No tengas miedo de sufrir por mí, sino gózate y alegrate, porque tu recompensa será grande. Haciendo mi voluntad, me estás ayudando a construir mi reino. No pierdas un día sin preguntarme primero qué quiero que hagas durante el día. Tú eres mis manos y mis pies.

Aquí estoy, Señor.
Vengo a hacer tu voluntad.
Dame el coraje de decirte siempre "sí" a ti.

SUELO FERTIL

> *Y los que reciben la semilla en tierra buena, son los que escuchan la Palabra, la aceptan y dan fruto al treinta, al sesenta y al ciento por uno».*
>
> Marcos 4: 20

Mantén tu suelo húmedo en todo momento con mi agua viva. Sin agua, nada puede crecer. Desyerba a menudo. No permitas que el mal robe los nutrientes de tu suelo. Cultiva tu suelo para suavizarlo, para que seas receptiva, compasiva, humilde y comprensiva. Lleva no sólo frutas, sino flores también.

> *Señor, enriquece mi tierra para que pueda dar mucho fruto para tu honor y gloria. Déjame estar siempre listo para florecer y para florecer para ti.*

FE

*Ahora bien, la fe es la garantía de los
bienes que se esperan, la plena certeza
de las realidades que no se ven.*

Hebreos 11: 1

¿Todavía no sabes que conmigo todo es posible? Tengo
poder, sobre todo, incluso el viento y la tormenta. Los
discípulos estaban aterrorizados y pensaron que iban a
ahogarse en la tormenta. Me tenían en el barco con ellos
y todavía estaban preocupados y ansiosos. Hija mía,
cuando te das cuenta de que vivo dentro de ti, nunca
tendrás miedo o preocupación. Yo estoy en control y
ningún mal vendrá sobre ti.

*Mi Jesús, por favor, aumenta mi fe para que
yo pueda confiar totalmente en ti. Déjame
sentir siempre tu presencia dentro de mí.*

LA MEDIDA

Porque al que tiene, se le dará, pero al que
no tiene, se le quitará aun lo que tiene».

Marcos 4:25

Me vi usando un delantal que sostenía por dos esquinas para que Jesús pudiera verter las semillas de su gran bandeja redonda en mi delantal. Tan pronto como terminé de regar la semilla, me dio más.

Era tan alegre, casi como jugar un juego, lleno de risas y alegría. Jesús me dijo: "Mi sierva fiel, es realmente un gozo extender mi palabra a los demás. Cuanto más das, más recibirás, porque mis palabras tienen poder. Cambiarán vidas. Es como una espada de dos filos. Liberará a los cautivos de los pecados pasados . Los renovará, los refrescará y los llevará a la vida abundante que he planeado para cada uno. Ve ahora y difunde mis palabras a todos los que encuentres.

Aquí estoy Señor. Vengo a hacer tu voluntad.
Tu palabra es una lámpara a mis pies.

FEBRERO

TENER FE

-¿Por qué están aterrorizados? ¿Todavía
no tienen fe? "Revisar por favor.

Marcos 5:40

Mi preciosa hija, no tengas miedo de tocar a los demás y orar por su curación, incluso cuando parezcan desesperanzados. Ten fe en mí, porque yo soy tu Dios y el autor de la vida. Yo creé a todos en esta tierra. Puedo dar vida incluso a huesos secos. Todo es posible si tienes fe. Cuando tengas fe en mí, seré capaz de hacer todos los milagros. Sin fe, no puedo hacer nada. No tengas miedo de pedir ningún tipo de curación.

Señor, dame más de tu fe. Lléname
de tu amor y compasión.

ANSIEDADES

"Yo quiero que ustedes vivan sin inquietudes."

1 Corintios 7:32

No tengas ansiedad alguna pues estoy viviendo en tu corazón. ¿Permitiría que algo malo te suceda? ¡Nunca! Incluso cuando atraviesas el fuego, no serás quemada. Confía en mí. Sabe que te rescataré y te protegeré siempre. Nunca estás sola. Te veo como la niña de mis ojos. Te sostengo en las palmas de mis manos. Mantente enfocada en mí, como un girasol mirando hacia el sol. Siempre estarás bajo mis ojos vigilantes.

Señor, quita todas las angustias de mi alma. Ayúdame a confiar más en ti, porque tú eres el centro de mi vida.

ALARDE

"El que se gloría, que se gloríe en el Señor"

1 Corintios 1:31

Mi hija amorosa, te he creado de la nada. Cuando te das cuenta de que no eres nada, entonces realmente eres quien eres. Todo me pertenece. Así que no te sientas orgullosa de tus logros, porque sin mí, tu no puedes hacer nada. Pero conmigo, puedes hacer todas las cosas. Nada es imposible conmigo. Yo soy tu Dios amoroso.

Todo lo que tengo viene de ti, Señor. Que nunca me jacte de mí mismo, sino que cada palabra que digo te glorifique y te alabe. ¡Tú eres mi Señor y mi Dios!

DISCIPLINA

Si ustedes tienen que sufrir es para su corrección;
porque Dios los trata como a hijos, y ¿hay
algún hijo que no sea corregido por su padre?

HEBREOS 12: 7

Hija mía, has visto un milagro tras otro. Sabes lo mucho que te amo y sólo quiero lo mejor para ti. Así que esté en paz y no se preocupe por nada. Cada prueba que viene a tu manera te disciplinará para ser una persona mejor y más santa. Te amo como mi hija preciosa. Te protegeré de todo mal. Te daré la fuerza para soportar todo sufrimiento. No temáis. Estoy contigo siempre.

Señor, dame paz y resistencia para hacer
frente a todas mis pruebas. Sé cuánto te
preocupas por mí. Te entrego todo.

CUENTA COMPLETA

*"Preparad un relato completo
de vuestra mayordomía."*

Lucas 16: 2

Mi hijo amoroso, la manera de preparar un relato completo de tu vida es meditar conmigo cada día todas tus acciones, palabras y pensamientos. Los momentos en los que te sentias tan feliz y amado son los momentos en que te diste cuenta de lo cerca que estaba de ti.

Los momentos en los que estabas triste e inseguro de tí eran los momentos en que estabas lejos de mí. Vive cada día conmigo en tu corazón. De esta manera nunca te arrepentirás de ninguna palabra, acción o pensamiento. Tu harás todo para complacerme solamente.

Porque sabes que veo cada detalle de tu vida y siempre dispuesto a apoyarte y mantenerte. Cada pensamiento que viene a tu mente se inspirará en mis palabras y cada palabra que me digas me glorificará. Vive cada día como el último día de su vida dispuesto a dar una cuenta completa para mí.

*Ten piedad de mí, Señor. Te invito a estar
siempre conmigo. Nunca dejes que me separe
de tí. Sólo mememem quiero vivir para ti.*

PROFUNDAMENTE DEPRIMIDO

El rey se entristeció mucho, pero a causa de su juramento, y por los convidados, no quiso contrariarla.

MARCOS 6:26

Cada acción tiene consecuencias. Las acciones amorosas darán mucho fruto, mientras que las acciones dañinas dañarán a la gente. Antes de que usted haga cualquier acción, debe siempre preguntarme primero y esperar mi contestación. A veces es difícil abrazar la cruz.

Muchas personas quieren la salida fácil. Pero hacer acciones amorosas requiere sacrificio y negación de sí mismo. Imítame en todo lo que haces. Deja que mi amor brille a través de ti a los demás. De esta manera nunca te arrepentirás ni estarás angustiada con tus acciones.

Señor, quiero seguirte siempre. Ayúdame a imitarte todos los días. Que mis acciones hablen de tu amor a los demás.

LUGAR DESIERTO

> *"Venid vosotros a un lugar desierto*
> *y descansad un poco."*
>
> Marcos 6:31

Mi hija preciosa, cuando estás sola conmigo en un lugar desierto, es donde puedo renovarte y refrescarte. Puedes descansar en mí porque mi yugo siempre es fácil y mi carga ligera. Nunca te daré más de lo que puedas manejar. Así que ven a estar a solas conmigo a menudo. Te daré valor para seguir adelante. Te daré una nueva visión y perspectiva de cada situación. Me encanta pasar tiempo de calidad a solas contigo. Incluso yo necesitaba un descanso entre ayudar y ayudar a los demás. No es posible dar y dar sin reponerte con mi amor. Necesitas ser fortalecida contra el maligno. Debes hacer todas las cosas en colaboración con la voluntad de mi Padre. De lo contrario, todo es en vano. Así que ven y descansa en mí.

Aquí estoy, Señor. Habla conmigo, consolándome,
animándome y renovándome. Soy todo tuya

SOBERBIA

El orgullo comienza cuando el hombre se aparta
del Señor y su corazón se aleja de aquel que lo
creó. Porque el comienzo del orgullo es el pecado
y el que persiste en él, fomenta la abominación:
por eso el Señor envió calamidades imprevistas
y arrasó a los soberbios hasta aniquilarlos.

SIRAH O ECLESIÁSTICO 10: 12-13

En mi visión vi a una niña golpeando el suelo con sus pies y diciendo: "¡Lo puedo hacer yo sola!" Dios me dijo: "Hija mía, cualquiera que piense que puede ser autosuficiente y no me necesita es como la pequeño niña en tu visión. Sabes en tu corazón que no puedes hacer nada sin mí.

Es la soberbia la que es la raíz de todo mal. La soberbia precede a la caída. La soberbia hace pensar que uno es mejor lo que uno realmente es. Piensa que lo sabe todo. Este es un signo seguro de arrogancia y presunción. *Pero tú, mi hija preciosa, sabe que sin mí no eres nada. Todo lo que tienes me pertenece. Yo te he creado del polvo y al polvo volverás, porque yo soy tu hacedor y tu creador.*

"Padre amoroso, te agradezco por haberme
hecho a tu imagen y semejanza. Tú eres
mi creador y mi redentor. Te debo todo.

TRADICIÓN HUMANA

*"Ustedes dejan de lado el mandamiento de
Dios, por seguir la tradición de los hombres"*

MARCOS 7: 8

En mi visión vi un hermoso arreglo de Navidad, con muérdago colgando y un árbol de navidad hermoso con luces. Pero la gente estaba fría y distante entre sí. No había calor ni amor presente. Jesús me dijo: "Ahora entiendes lo que se siente cuando la gente observa las tradiciones sin el verdadero significado de lo que está haciendo.

Sin amor todo lo que haces es como un gong vacío. No tiene propósito ni significado. Que cada acción que hagas se llene de mi amor por los demás. Sin mi amor, lo que haces no hará que otros se acerquen más a mí. Sólo traerá gloria a ti misma. Conmigo, serás capaz de manifestar mi amor que transforma a los demás. Ve y sé mi corazón para los demás."

*Señor, tu ley del amor es más importante que
cualquier ley humana. Lléname de tu amor.*

CORAZONES

> *"Este pueblo me honra con los labios,*
> *pero su corazón está lejos de mí."*
>
> Marcos 7: 6

Hija mía, las acciones hablan más que las palabras. Aquellos que sólo oran y no hacen nada son aquellos que sólo me adoran con sus labios. La oración debe conducir siempre a la acción. Sin acción, la oración es como una palabra vacía. Cuando creé este universo, dije la palabra y el mundo se convirtió en una realidad. Así es con tu oración. Cualquier cosa por la que ores, tienes que hacer algo al respecto. De lo contrario, sólo estás rezando en vano. Lo que quiero de ti es tu corazón. Cualquier cosa hecha sin amor es inútil. Es auto orgullo.

Mi alegría es hacer tu voluntad, Señor. Quiero amarte y honrarte con todo mi corazón.

UNA TRIBU

> *"Pero no le arrancaré todo el reino, sino que le daré a tu hijo una tribu, por consideración a mi servidor David y a Jerusalén, la que yo elegí».*
>
> 1 Reyes 11:13

El corazón de David siempre estuvo muy cerca de mí. Él me amó y se arrepintió de todos sus pecados, mientras el corazón de Salomón estaba con sus esposas extranjeras y su corazón se alejó de mí. Hija mía, es el corazón lo que importa. El primer mandamiento es amarme sobre todo y no tener otro Dios aparte Mucha gente dice que esta persona irá al cielo porque ha sido una buena persona. Olvidan que el mandamiento más importante es amarme por encima de todo lo demás. Y el segundo mandamiento es amar a tu prójimo como a ti mismo.

> *Señor, tú solo eres mi Dios. Te amo con todo mi corazón y mi alma.*

OÍDO SORDO

«Todo lo ha hecho bien: hace oír a los sordos y hablar a los mudos».

MARCOS 7:37

Mi amor, siempre te estoy hablando, pero solo puedes oírme cuando estás en silencio y escuchando. Aquí están las 5 S': Siéntate, Sosiego, Silencio, Soledad y Simplicidad. Haz esto y me escucharás. Sólo en silencio puedes oír mi voz. Sin silencio, el ruido del mundo ahogará mi suave voz susurrante. Por eso los profetas frecuentemente van a lugares desiertos para orar para y oírme.

Todos serán capaces de oír mi voz si permanecen quietos y unidos a mí. Yo te dirigiré y te guiaré en todo lo que hagas. Durante esta Cuaresma, trata de pasar más tiempo tranquilo a solas conmigo. Entrarás en una relación más profunda conmigo. Saca tu antena para recibir mis mensajes, antes de que hables. De esta manera serás mi conducto de paz y amor para los demás. Cuando hables, la verdad será revelada a todos.

Quiero escuchar tu voz, Señor. Abre mis oídos para que yo pueda oírte mejor. Habla Señor, tu sierva está escuchando.

GLORIA DE DIOS

> *"En resumen, sea que ustedes coman, sea*
> *que beban, o cualquier cosa que hagan,*
> *háganlo todo para la gloria de Dios."*
>
> 1 Corintios 10:31

Mi amada, observa cómo una niña pequeña siempre quiere llevar su manta o muñeca favorita con ella en todo momento. Así es como quisiera que pasaras cada día conmigo, sosteniéndome como tu posesión más preciada. Aférrate a mí pues tu vida depende de mí. Haz todo conmigo.

Dame el honor y la gloria en todo lo que realizas cada día. Nunca hagas nada sola y para tu propia gloria. Tu vida sólo tendrá sentido cuando hagas mi voluntad. Cuando construyes tu propia casa sola, es como construirla en la arena. Pronto el agua la arrastrará lejos. Pero cuando haces cosas en mi honor, es como una casa construida sobre roca. Permanecerá para siempre.

> *Te alabo y te glorifico, mi Dios y mi*
> *Señor. En ti con todo mi ser.*

SER PERFECTO

"Por lo tanto, sean perfectos como es perfecto el Padre que está en el cielo. "

MATEO 5:48

En mi visión vi un hermoso corazón de San Valentín con cordones y todos los adornos dedor. Jesús me dijo: "Mi amor, se tan perfecta como este hermoso corazón de San Valentín. Ama a cada uno con un amor completo como lo hace mi Padre. Es un Dios tan generoso. Cuando pides algo, siempre te da más de lo que necesitas. Como con la multiplicación de panes y peces, siempre sobra.

Esa es la clase de amor que mi Padre tiene por ustedes y por todos. Eso es amor perfecto: siempre dando, siempre generoso, siempre dispuesto a escuchar y a amar. Un amor perfecto curará todos los males y problemas. Da amor generosamente a todas las personas que te rodean. Que tu amor por los demás sea tan perfecto, como el amor que mi Padre tiene por ti. "

Señor Jesús, dame tu corazón.
Te amo sobre todas las personas y cosas.
Soy toda tuya. ¡Se mi San Valentín!

ÉL SUSPIRÓ

Jesús, suspirando profundamente, dijo:
« ¿Por qué esta generación pide un signo?
Les aseguro que no se le dará ningún signo»
MARCOS 8:12

Mi hija preciosa, la gente que viene a mí para ver señales y maravillas, no me ama. Sólo quieren ver mi poder. No creen que yo soy el Hijo de Dios y que tengo todo el poder de mi Padre.

Todo lo que necesito hacer es decir la palabra y se hará. Vine al mundo para no mostrar cuánto poder tengo, sino para mostrar cuánto amo a cada uno de ustedes. Su salud y su bienestar son lo que más me importa. No vengan a buscar señales y prodigios, sin, vengan a buscar mi amor.

Mi Jesús, me duele verte suspirar desde la
profundidad de tu alma. Tú debes estar
muy desanimado con la falta de fe de los
fariseos. Todo lo que querían eran signos,
no tu amor por ellos. Jesús, te amo.

CORONA DE LA VIDA

"Feliz el hombre que soporta la prueba, porque después de haberla superado, recibirá la corona de Vida que el Señor prometió a los que lo aman.

SANTIAGO 1:12.

En esta vida siempre habrá tentaciones. Pero con mi ayuda serás capaz de vencer todo mal. Las tentaciones no provienen de mí, sino de Satanás. Incluso yo fui tentado cuando estuve en el desierto durante 40 días. La tentación viene especialmente cuando somos débiles. Así que mantente fuerte con la autodisciplina y el ayuno. Quédate cerca de mí siempre y llámame a menudo. Invoca mi nombre cuando seas tentada, porque mi nombre tiene poder. Puede superar todo mal. Tengo tu corona de vida esperando por ti en el cielo. Mantente enfocada en mí y terminarás la carrera. Ven a mí, mi amor.

Señor, quédate siempre a mi lado, porque tú eres mi roca y mi salvación. Guíame al camino correcto. Dame la fuerza para seguirte y ayúdame a superar todas las tentaciones.

AYUNO Y LAMENTO

Pero aún ahora —oráculo del Señor — vuelvan
a mí de todo corazón, con ayuno, llantos y
lamentos. Desgarren su corazón y no sus
vestiduras, y vuelvan al Señor, su Dios,"

JOEL 2:12-13

Mi preciosa hija, todo lo que quiero es tu corazón. Cuando te vuelvas 100% hacia mí, ese será el día de regocijo para mí. El ayuno te ayudará a limpiar tu vida. Te hará más cariñosa y amorosa con los necesitados. Afinara tu conciencia de mi presencia. Te hará más dependiente de mí en todas tus necesidades. El ayuno no sólo es bueno para tu alma, sino también para tu cuerpo. La avaricia y la glotonería son dos de los grandes pecados que impiden que la gente alcance mi amor. La gente está tan llena de sí misma, q no hay más espacio para mí. Ayuna sólo para mí, mi amor.

Señor, por favor perdóname por todas las veces
que he pecado contra ti. Ayúdame ayunar y
arrepentirme durante esta Cuaresma. Mi alma
tiene hambre de tu amor y presencia.

NEGARSE A SÍ MISMO

"Después dijo a todos: «El que quiera venir detrás de mí, que renuncie a sí mismo, que cargue con su cruz cada día y me siga.»
Lucas 9:23.

En mi visión vi a un bebé aprendiendo a caminar. Primero dio unos cuantos pasos. Tembloroso e inestable, lentamente se acercó a su padre.

Jesús me dijo: "Hija amorosa, es lo mismo con tu camino espiritual hacia mí. Al principio hay que dar pequeños pasos. Aunque puedas caer muchas veces, no te preocupes ni tengas miedo.

Sólo levántate y vuelve a intentarlo. Eventualmente podrás caminar hacia mí y seguirme a donde quiera que vaya. Encontrarás alegría en seguirme. Podrás negar tu propia voluntad y hacer mi voluntad. Te llevaré y te guiaré a donde quiero que vayas. Pero primero debes dar un paso adelante. Mantén tus ojos sobre mí y yo te daré la fuerza y la sabiduría para que me sigas."

Llámame para venir a ti, Señor Jesús.
Quiero seguirte a donde quiera que vayas.

EL HOMBRE CIEGO

> *"Cuando llegaron a Betsaida, le trajeron un ciego y rogaron a Jesús que lo tocara."*
>
> MARCOS 8:22

Mi preciosa hija, acércate a mí y déjame tocarte, porque mi tacto puede sanar. Cuando te quedes cerca de mí, serás capaz de ver el mundo espiritual tal como yo lo veo. Conocerás la verdad, y la verdad te hará libre. Trae a otros a mí para que ellos también me vean y conozcan la verdad. La verdad se revelará gradualmente, como la vista de este ciego. Cuanto más tiempo pases conmigo, más claro serás capaz de verme.

Señor, sana mi ceguera.
Déjame verte más claramente.
Anhelo el día en que te veré cara a cara.

JUSTOS

Yo no he venido a llamar a los justos, sino
a los pecadores, para que se conviertan».

LUCAS 5:32

En mi visión vi a Jesús comiendo con los fariseos, los escribas, los recaudadores de impuestos y los doce discípulos. Una luz brillante rodeó a Jesús. Todas las demás personas estaban en tinieblas excepto los doce discípulos que tenían luces pequeñas sobre sus cabezas.

Jesús me dijo: "La razón por la que los discípulos tienen la luz es porque se han arrepentido de sus pecados. Se dan cuenta de que me necesitan. Todas las demás personas están en tinieblas porque no se dan cuenta de que son pecadores. Ellos piensan que están siguiendo la ley y serán salvos.

Pero no hay luz de amor en sus corazones. Debido a su juicio de los demás y sus quejas han pecado a los ojos de Dios. Sienten que son superiores. En realidad, están llenos de orgullo".

Señor Jesús, confieso que he pecado y te necesito
en mi vida. Por favor, quita mi orgullo y auto-
justificación. Necesito tu misericordia y perdón.

TENTACIÓN

> *Una vez agotadas todas las formas de tentación, el*
> *demonio se alejó de él, hasta el momento oportuno.*
>
> LUCAS 4:13

Hija mía, cuando estás siendo tentado, fija tus ojos en mí en vez de en el diablo. No intentes hacer nada sin mí. Usa mis palabras de la Escritura como lo hice yo. Tú superarás todas las tentaciones cuando recites mis palabras. Invoca mi nombre el cual está por encima de todos los nombres. Al oír mi nombre, el malvado huirá.

Sólo puedes servir a un maestro, ya sea yo o el maligno. Elíjeme. Te daré vida abundante mientras que el diablo sólo quiere hacerte daño. No tengas tratos con él. Cada vez que te sientas tentada, invoca mi nombre inmediatamente. Sé cómo una niña que llama a su madre. Que sea tu segunda naturaleza. Quédate cerca de mí y te protegeré de todo daño, porque tú eres mía.

> *Sostén mi mano, Señor, y así no me*
> *perderé ni seré tentado a seguir al maligno.*
> *Tú solo eres mi Dios. Solo a ti te serviré.*

TUS PECADOS

> *"Pero soy yo, sólo yo, el que borro tus crímenes por consideración a mí, y ya no me acordaré de tus pecados."*
>
> Isaías 43:25

Mi preciosa hija, si supieras cuánto me ofenden los pecados, intentarías nunca pecar de nuevo.

El pecado es como escupir en mi cara, rechazándome. El pecado es alejarse de mí y te separa de mí. Sufrí flagelación, golpes y fui clavado en un árbol por todos tus pecados. El pecado es la muerte. Evita todas las tentaciones al pecado. He perdonado todos tus pecados pasados. Comienza un nuevo día haciendo el bien y alabando a Dios. Cuanto más ames a los demás, más se te perdonará.

> *Señor Jesús, estoy profundamente arrepentido de haberte ofendido. Ten piedad de mí, pecador. Por favor, ayúdame a evitar futuras ocasiones de pecado.*

REINO DEL CIELO

"Yo te daré las llaves del reino de los cielos."

MATEO 16:19

En mi visión me vi vestida de blanco como una novia. Había una preciosa tiara de diamantes en mi cabeza. Mi vestido, con una capa, parecía brillar con pequeñas luces blancas de Navidad. San Pedro con sus llaves estaba de pie junto a la resplandeciente puerta del cielo. Allí en el trono estaba mi novio, Jesús, de pie frente a mí acogiéndome en sus brazos. Junto a él se encontraba María, que estaba vestida con una capa brillante de color azul claro.

Su sonrisa derritió mi corazón. Mientras caminaba por el pasillo, vi a todas las personas que conocía aplaudiendo y aplaudiendo. Vi a muchos de mis amigos de la iglesia. Todos me sonreían. Mi corazón estaba tan lleno de amor y alegría. Fue una de las visiones más hermosas que Dios me ha dado.

¡Te alabo y te adoro, oh Señor!
Apenas puedo esperar el día
en que me una a ti en el cielo.
San Pedro, por favor ora por mí.

MANDO

Jesús increpó al espíritu impuro, diciéndole:
«Espíritu mudo y sordo, yo te lo ordeno,
sal de él y no vuelvas más».

MARCOS 9:25

Hija mía, todo es posible con fe y oración. Pide y se te dará; Llama y se te abrirá; busca y encontrarás. Cuando ores por otros, ten fe que he escuchado tu oración y se realizará. No dudes pedir y no dudes en tu corazón. Ten fe en mí. Visualízate levantando a los muertos y sanando a los enfermos porque nada es imposible conmigo a tu lado. Se audaz. Levántate y ten confianza en mí. Si ordenas al espíritu que venga en mi nombre, será hecho.

Señor Jesús, todo es posible contigo.
Aumenta mi fe en ti. Ayúdame a
confiar en ti más y más cada día.

LOS POBRES

> *"No apartes tu rostro del pobre y el*
> *Señor no apartará su rostro de ti."*
>
> Tobías 4: 7

Lo que hagas a los más necesitados, lo haces a mí, hija mía. Hay personas que son pobres materialmente, algunas espiritualmente y otras emocionalmente. Estos últimos son los que no saben amar, porque no han sido amados. Así que ve y sé mis manos y mi corazón para todos los necesitados. Este mundo está muriendo de hambre por el amor más que por la comida. Este mundo se aleja más de mí. Tráelo de regreso a mí, mi preciosa hija.

> *Sí señor. Iré y atenderé a los pobres por*
> *ti. Dame más de tu amor y compasión*
> *por todos los necesitados.*

SUFRIR MUCHO

> *«El hijo del hombre, les dijo, debe sufrir*
> *mucho, ser rechazado por los ancianos, los*
> *sumos sacerdotes y los escribas, ser condenado*
> *a muerte y resucitar al tercer día».*
>
> LUCAS 9:22

El amor y el sufrimiento van de la mano. Sin sufrimiento no hay amor. A través del sufrimiento te darás cuenta de cuánto te amo. Es por eso que digo: "Levanta tu cruz y sígueme". A través de la cruz cambiarás tu vida del amor propio a mi amor. Toda tu actitud sobre la vida se transformará en mi voluntad. Cada día elegirás hacer lo que me agrada en lugar de tus propios deseos. El sufrimiento conduce a una nueva vida.

> *Mi Jesús, me duele saber cuánto has*
> *sufrido por mí. Padre amoroso, ayúdame*
> *a seguir a tu Hijo, mi Señor y Salvador.*
> *Nunca me dejes separarme de ti.*

ARBUSTO ESTERIL

"Él es como un arbusto estéril en el desierto que no goza de cambio de temporada, sino que se encuentra en un yermo de lava, en una tierra salada y vacía."

JEREMÍAS 17:6

En mi visión vi un arbusto estéril, seco y quebradizo. Cuando un fuego llego, el arbusto fue reducido a cenizas en un instante. Jesús me dijo: "Cuando no estás conmigo, serás fácilmente destruido por el maligno. Cuando estas plantada a mi lado, tendrás exuberantes hojas verdes y producirás mucho fruto, fruta que durará. Cuando llegue el fuego, no morirás como el arbusto estéril.

Así que quédate cerca de mí. Yo soy el agua viva. Puedo apagar el fuego. Ningún enemigo será capaz de tocarte porque eres mía y ningún daño te alcanzara. Confía en mí. Espera en Mí."

Señor, guíame en tu prado verde. Tú eres mi agua viva que me refresca y me renueva.

CUERPO GLORIFICADO

*"El transformará nuestro pobre cuerpo
mortal, haciéndolo semejante a su cuerpo
glorioso, con el poder que tiene para poner
todas las cosas bajo su dominio."*

FILIPENSES 3:21

Cuando estés llena del Espíritu Santo, todo tu cuerpo
será transformado. Estará lleno de luz, radiante como el
sol. Tendrás el calor de mi espíritu y mi amor penetrará
tu cuerpo. Será transparente, porque no tendrás nada
que ocultar. Todo estará al descubierto. No habrá más
vergüenza y culpa, sino que estarás llena de amor, paz y
alegría. Total contentamiento! Total entrega a la voluntad de mi Padre. Nada te impedirá acercarte más a mí y
a los demás. Todos estarán unidos con un solo Dios y un
solo Salvador. ¡Total felicidad!

*Gracias, Señor, por esta visión y comprensión
de cómo será un cuerpo glorificado. ¡Eres
un Dios Impresionante! Apenas puedo
esperar el día en que tendré un cuerpo
glorificado como el tuyo en el cielo.*

EL CUERPO DE CRISTO

"Ustedes son el cuerpo de Cristo, e
individualmente parte de él."

1 Corintios 12:27

Mi preciosa hija, estás en mi corazón. Estás inmersa en mi amor. Eres especial para mí. Ve y ama a otros con tu generoso corazón. Nunca dejes de dar y compartir. Te daré todo el amor que necesites. Recuerda que te he amado desde el momento en que fuiste concebida en el vientre de tu madre. Tu fuiste amada por todos en tu familia y en el día de tu nacimiento. Tu eres amada por todos tus amigos. No tengas miedo de ir y amar a todos. Es a través de tu amor que puedo hacer milagros para los demás. Es a través de tu amor que podré sanar a mi pueblo. Es a través de tu amor que me conocerán y me amarán.

Señor, úsame.
Soy todo tuya.
Agranda mi corazón para que pueda
amar a los demás como tú me amas.

MARZO

CUARENTA DÍAS

En seguida el Espíritu lo llevó al desierto, donde
estuvo cuarenta días y fue tentado por Satanás.

MARCOS 1:12-13

Mi preciosa hija, es importante pasar tiempo a solas
conmigo en silencio y lejos de los demás. Así es cuando
el Espíritu Santo estará contigo y sentirás mi presencia amorosa. Es solo a través del silencio que tu podrás
escuchar mi voz. Durante esta Cuaresma trata de estar
a solas conmigo más a menudo. Serás cambiada por mi
presencia. Vencerás todas las tentaciones de Satanás.
Conmigo no tendrás nada que temer. Serás valerosa y
proclamarás la Buena Nueva a todos tus conocidos.

Señor, ayúdame a guardar silencio lo más
posiblemente durante estos cuarenta días.
Quiero oír tu voz. Lléname del Espíritu Santo.

MI PALABRA

"Así sucede con la palabra que sale de mi boca: ella no vuelve a mí estéril, sino que realiza todo lo que yo quiero y cumple la misión que yo le encomendé.

ISAÍAS 55:11

Guarda mi palabra en tu corazón, mi amor. Producirá resultados fructíferos y maravillosos. Sé como María, mi madre. Ella reflexionaba sobre mi palabra día y noche. Mi palabra es una lámpara para tus pies y una luz en tu camino. Sin mi palabra, vivirás en tinieblas y serás fácilmente llevada por mal camino. Pero con mi palabra, milagros y sanaciones tendrán lugar, porque mi palabra tiene poder y no vuelve a mí vacía, sino que traerá vida y alegría.

Amado Jesús, tu palabra es mi tesoro. Es más preciosa que el oro. Porque es a través de tu palabra que todo el universo fue creado.

SERVIR

> *"El Hijo del Hombre no vino para*
> *ser servido, sino para servir y dar su*
> *vida como rescate por muchos"*
> MATEO 20:28.

A menos que sirvas con un corazón alegre, nada se hará con amor. El amor es lo esencial.

Una madre está dispuesta a despertar cada 2-3 horas para alimentar a su bebé. Ella lo hace voluntariamente porque su amor por su bebé es grande. Incluso daría la vida por su hijo. Ese es el tipo de servicio que quiere que hagas por los demás. Imítame, porque di mi vida por ti. Quiero que pases la eternidad conmigo. Nada será demasiado para mí por hacer por cuanto es para ti. Eres mi hija preciosa. Estoy dispuesto a morir en la cruz por ti. No hay mayor amor que dar la vida por otro. Has lo mismo.

> *Señor, dame un corazón de sirviente.*
> *Ayúdame a no quejarme cuando tengo*
> *que servir a otros. Todavía tengo un largo*
> *trecho por andar para llegar a amar a los*
> *demás de la manera en que me has amado.*
> *Ayúdame a ser menos egocéntrica y egoísta.*

EL AYUNO

> *Este es el ayuno que yo amo —oráculo del*
> *Señor—: soltar las cadenas injustas, desatar*
> *los lazos del yugo, dejar en libertad a los*
> *oprimidos y romper todos los yugos; compartir*
> *tu pan con el hambriento y albergar a los*
> *pobres sin techo; cubrir al que veas desnudo*
> *y no despreocuparte de tu propia carne. "*
>
> Isaías 58: 6-7

El ayuno no se trata sólo de comida, sino de dar tu tiempo y tu capacidad para ayudar a todos aquellos que están en necesidad. Se necesita tiempo para ir a visitar a los enfermos y los oprimidos.

Se necesita dinero para comprar comida para los hambrientos y ropa para los desnudos. Pero, sobre todo, debes llevar mi amor a otros que están sufriendo. Sólo mi amor puede sanar. Así que, durante esta Cuaresma, ten hambre de mi amor. Busca mi presencia cuando y dondequiera que estés.

> *Has el bien a los demás. Deja tu propia agenda*
> *de lado y sige mis indicaciones. Tu serás ricamente*
> *recompensada. Aquí estoy, Señor. Vengo a hacer*
> *tu voluntad. Ayúdame a ser más desinteresada*
> *y generosa con todos los que me pidan.*

GENERACION MALVADA

> *Al ver Jesús que la multitud se*
> *apretujaba, comenzó a decir: «Esta es*
> *una generación malvada. Pide un signo y*
> *no le será dado otro que el de Jonás.*
>
> Lucas 11:29

Mi preciosa hija, esta generación se ha alejado de mí Solo piensan en sí mismos. Ellos hacen cosas para complacerse a sí mismos en lugar de Dios. Ellos no saben lo que es el pecado. No tienen ni idea de que me han ofendido. No han enseñado a sus hijos sobre mí. Ellos son ignorantes de la verdad. Ellos adoran bienes materiales en lugar de aquel que los ha creado. Pasan sus domingos en fiestas y disfrutando de sus propios deportes. Sus corazones están lejos de mí. La única manera de cambiar es arrepentirse y cambiar sus vidas No habrá señales, excepto señales de destrucción. ¡Ora por ellos, mi amor!

> *Mi corazón está lleno de culpa, Señor. Por favor,*
> *quita todos mis pecados y límpiame. Quiero*
> *amarte y servirte solo a ti. Ten piedad de mí.*

LA PUERTA

"Pidan y se les dará; busquen y
encontrarán; llamen y se les abrirá."

MATEO 7: 7

La puerta de mi corazón está siempre abierta para todos aquellos que me aman. Soy como el padre del hijo pródigo, siempre atento a quien se haya arrepentido de sus pecados y haya decidido volver a casa. No sólo abriré la puerta, sino que iré corriendo hacia él mientras él camina hacia mi puerta. En cuanto a ti, mi amor, mi puerta está siempre abierta. Puedes entrar y salir en cualquier momento. Mi casa es tu casa. Tu eres siempre bienvenida. Puedes venir y descansar en mi corazón en cualquier momento. Yo te refrescaré y te renovaré. Siempre que necesites descansar, vuelve a casa, a mi corazón. Mi puerta nunca está cerrada. Es lo mismo que cuando vas a la casa de tus hijos o de tus padres. Su puerta nunca está cerrada para ti. Tal es mi corazón para ti.

Señor, estoy llamando a tu puerta. Por favor,
déjame entrar en tu precioso corazón. Te quiero.
Atesoro cada momento que paso a solas contigo.

TODO

"Pero el padre le dijo: "Hijo mío, tú estás siempre conmigo, y todo lo mío es tuyo.

LUCAS 15:31

Mi hija preciosa, tú has heredado todo de mí, así que ve y usa todos los dones que te he dado para la gloria de Dios. Tu vida será gozosa y fructífera cuando te des cuenta de lo ricamente que eres dotada por mi amoroso Padre. Nunca te faltará nada. Serás protegida y guiada por los santos ángeles.

Gracias, Señor, por darme tu herencia que no he ganado. Estoy asombrada de tu generosidad.

MI AYUDA

> *"De manera que podemos decir con plena*
> *confianza: El Señor es mi protector: no*
> *temeré. ¿Qué podrán hacerme los hombres?*
> HEBREOS 13: 6

Nunca te dejaré ni te desampararé, hija mía. Tu puedes contar conmigo. Muchos de tus amigos y familiares dicen que te ayudarán. Pero cuando realmente los necesitas tienen una excusa tras otra. Sólo yo siempre estoy allí cuando me llamas. No se derraman lágrimas solas. Mi corazón va a ti cuando estás en dolor y sufrimiento. Nunca te abandonaré. Estaré a tu lado siempre. Tu puedes contar conmigo. Por ti, morí en la cruz y sufrí la crucifixión. Por ti, soporté toda la flagelación en el pilar y la coronación de las espinas. Por ti, soporté todo el escupir y paliza. No, nunca te dejaré. He pagado un precio por ti. Tú eres mi amor y mi tesoro. Sólo llámame y sentirás mi presencia. No tienes nada que temer. He enviado ángeles para rodearte mientras recorres tu camino.

> *Gracias, Señor Jesús, por tu protección*
> *y guía. Gracias por morir en la cruz por*
> *mí. Te amo con toda mi fuerza.*

TE PERDONÉ

Este lo mandó llamar y le dijo: «¡Miserable!
Me suplicaste, y te perdoné la deuda.
33 ¿No debías también tú tener compasión de
tu compañero, como yo me compadecí de ti?".

MATEO 18: 32-33

Compasión y misericordia son quienes yo soy. Todos los que quieren seguirme también deben ser compasivos y misericordiosos. Entregué mi vida para pagar el precio de todo pecado cometido. Todos los que me aman también amarán a otros con un amor incondicional, sin juicio ni venganza. Aquellos que no tienen perdón en su corazón no podrán amar como yo. Su corazón se endurece por el odio y el resentimiento. Sólo aquellos que totalmente perdonan a los demás están libres para amar. Por lo tanto, no tengas rencores o resentimientos en tu corazón. Ama a tus enemigos.

Señor, dame más de tu amor perdonador.

Ayúdame a perdonar a todos los que en mi vida
que me han herido en el pasado. Nunca dejes
que mi corazón se endurezca por el odio o el
resentimiento. Lléname de tu amor curativo.

TU FE

Jesús les tocó los ojos, diciendo: «Que suceda como ustedes han creído». Y se les abrieron sus ojos.

MATEO 9: 29-30

Mi hija amorosa, con fe todas las cosas son posibles. Cuando tienes fe en mí, estás lista para recibir todo lo que quiero darte. Con fe, vives en el mundo espiritual. Sin fe, estás basada en este mundo terrenal. El mundo espiritual tiene poder más allá de tu imaginación. En el mundo espiritual, tus oraciones tienen poder para vencer todo mal. La fe es creer en mi poder. La fe es saber que yo soy el Dios Todopoderoso que ha creado todo este universo. La fe es saber sin lugar a dudas que puedo cambiar cualquier cosa con mi palabra.

Hija mía, ten fe en mí. Sabes cuanto te quiero. Vive cada día con tu corazón lleno de fe. Verás milagro tras milagro cuando vivas en la fe.

Dios todopoderoso y todo amor, tengo fe en ti. Sé que Tú es el Creador y el realizador de todo milagro.

COMO UNA PRIMAVERA

> *"El Señor te guiará incesantemente, te*
> *saciará en los ardores del desierto y llenará*
> *tus huesos de vigor; tú serás como un*
> *jardín bien regado, como una vertiente de*
> *agua, cuyas aguas nunca se agotan"*
>
> Isaías 58:11

En mi visión vi un géiser que se elevaba en medio de una fuente. La niebla del agua roció todo alrededor de un hermoso jardín lleno de flores de colores y verdes exuberantes. Los pájaros vinieron y se bañaron en la fuente. Las mariposas volaron en el aire y aterrizaron de flor en flor. Jesús me dijo: "Hija mía, cuando estás llena de mi amor y de mi Espíritu Santo, eres como esta hermosa fuente. Tu traerás la alegría a todos los que te rodean.

Darás esperanza a los desesperados. Hablarás palabras de consuelo para todos los que quieran oírlas. Fortalecerás a los débiles. Tu alma será renovada y refrescada como las aves en tu visión."

> *Gracias por esta hermosa visión, mi precioso*
> *Jesús. Tú eres la fuente de mi vida.*

ESCUCHA

Escuchen mi voz, así yo seré su Dios
y ustedes serán mi Pueblo...";

JEREMÍAS 7:23

Cuando estés callada, mi amor, oiras mi voz. Siempre que me llames, estaré allí para ti. Sólo sabe que vivo en tu corazón. Conozco cada pensamiento y acción que haces cada día. Estoy contigo siempre. Háblame a menudo y escucha mi respuesta. Anhelo comunicarme contigo. Anhelo pasar tiempo íntimo a solas contigo. Pero si tu llenas tu día con demasiadas actividades terrenales, estarás demasiado ocupada y distraída para escuchar mi voz. ¿Notaste los dos momentos memorables en que hablé a los discípulos acerca de mi Hijo? La primera vez fue en su bautismo y la segunda vez fue en su transfiguración. Si tienes a Jesús en tu corazón, también escucharás mi voz.

Señor, tu voz es como la miel a mis oídos.
Háblame Señor; Tu siervo está escuchando.

DE TU CORAZÓN

> *"Lo mismo hará también mi Padre celestial con ustedes, si no perdonan de corazón a sus hermanos."*
>
> MATEO 18:35

Mi preciosa hija, cuando perdones a otros, no los perdones desde tu cabeza, sino desde tu corazón. Hay una diferencia. Cuando perdonas desde tu cabeza, sabes que debes perdonar, pero tu perdón no es completo. Cuando perdonas desde tu corazón, solo quieres que le suceda algo bueno a los demás. Entonces los bendices y deseas su bien.

Porque yo amo a todos, incluyendo a los pecadores. Te he perdonado de todos tus pecados. Si pude amarte cuando aún eras una pecadora, ¿cuánto más no debes amar a los demás y perdonarlos también? Hija mía, perdona a todos de corazón.

> *Gracias, Jesús, por perdonarme y por salvarme de todos mis pecados. Ayúdame a no tener rencores ni resentimientos en mi corazón. Ayúdame a perdonar siempre.*

HECHOS

Yo, el Señor, sondeo el corazón y examino las entrañas, para dar a cada uno según su conducta, según el fruto de sus acciones.

Jeremías 17:10

Los hechos hablan más que las palabras. Las palabras a veces pueden estar vacías, pero los hechos siempre benefician a otra persona. Haz buenas obras todos los días mientras eres capaz de hacerlas. Los hechos son buenos para tu alma y serás recompensada por cada buena acción que realices cada día. No dejes pasar un día sin hacer una buena acción por alguien. Porque lo que hagas a los demás, me lo haces a mi.

Aquí estoy, Señor. Vengo a hacer tu voluntad. Que todos mis actos te agraden.

PIEDRA ANGULAR

> *Jesús agregó: « ¿No han leído nunca en las Escrituras: "La piedra que los constructores rechazaron ha llegado a ser la piedra angular: esta es la obra del Señor, admirable a nuestros ojos"?*
>
> MATEO 21:42

Muchas personas quieren construir sus castillos con sus propias piedras y ambiciones. Sólo aquellos que construyen sus vidas conmigo permanecerán de pie durante la lluvia y la tormenta. Yo soy la roca sobre la que se crea todo. Así que construye tus sueños y deseos sobre mí y encontrarás verdadera alegría y felicidad. Yo soy la piedra que te llevará a través de todas las pruebas y tribulaciones. Puedes apoyarte en mí.

> *Señor Jesús, tú eres mi roca y mi salvación. En ti confío.*

CELEBRAR

"Es justo que haya fiesta y alegría, porque
tu hermano estaba muerto y ha vuelto a la
vida, estaba perdido y ha sido encontrado "

Lucas 15:32

Mi hija preciosa, cada vez que un alma entra en mi reino hay una celebración con banquetes con música y baile. Cada alma es muy preciosa para mí. Cada alma me trae tanto gozo, uno de los frutos del Espíritu Santo. Así que se audaz en cada circunstancia para mencionar mi nombre y para compartir mi historia con otros. No dejes pasar ninguna oportunidad sin ser un testigo de mí. Habrá celebración y regocijo por cada alma que traigas a mis brazos. Ese es el mejor regalo y sacrificio que puedes darme.

Señor, quiero traer alegría a tu corazón. Ayúdame
a contarle a otros acerca de ti ya traerlos a ti.

NUEVOS CIELOS

> *"He aquí, estoy a punto de crear nuevos cielos*
> *y una nueva tierra; Las cosas del pasado no*
> *serán recordadas ni vendrán a la mente. "*
>
> <small>ISAÍAS 65: 17</small>

En mi visión vi a una mujer bailando con una pandereta. Todos a su alrededor se regocijaban, cantaban y bailaban. Había tanta alegría y celebración. Todo el mundo estaba sonriendo y riendo. Dios me dijo: "Este es el nuevo cielo del que estoy hablando, donde no hay odio ni sufrimiento. Todos se regocijan por lo que Jesús ha hecho por cada uno de ustedes. Él vino al mundo para mostrarles el camino, la luz y la verdad. El que cree en él conocerá el camino, la verdad y tendrá la luz de la vida, una vida llena de alegría y baile, una vida llena de paz y amor. Así que vive cada día con Jesús en tu corazón. Un nuevo cielo te estará esperando.

> *Mi amoroso Jesús, apenas y si puedo esperar*
> *a verte en el nuevo cielo. Quiero celebrar*
> *y regocijarme contigo para siempre.*

NUNCA TE OLVIDARÉ

"¿Puede una madre olvidar a su bebé, estar sin ternura por el hijo de su vientre? Incluso si ella olvidara, nunca te olvidaré. "

Sí, te tejí en el vientre de tu madre. Conozco todos los cabellos de tu cabeza. Eres preciosa ante mis ojos. Te he formado a mi imagen y semejanza. Yo morí en la cruz por ti para que pudieras pasar la eternidad conmigo en el cielo. No eres un error sino mi creación, mi orgullo y mi alegría. Amo todo de tí. ¿Cómo podría olvidarte cuando he pagado el precio de salvarte con mi propia sangre? No, nunca te dejaré fuera de mi vista. Eres la niña de mi ojos. Tú eres mi hija preciosa que heredará mi reino. Tú eres elegida por mí y por mi Padre. ¡Te amamos!

Señor, gracias por amarme tanto. Me siento tan bendecida por ser tu amada hija.

JOSE

"El ángel del Señor apareció a José en sueños".

MATEO 1:20

Mi hija preciosa, te he revelado muchas cosas en tus sueños también. Te hablo cuando estás en silencio total. Cuando estás dormida estás más abierta a escuchar mi voz. José fue mi siervo fiel. En su sueño, mi ángel le habló de María, que estaba embarazada de Jesús. José obedeció y tomó a María como su esposa. Hizo lo que le pedí que hiciera.

Estaba dispuesto a sacrificar sus propios planes para hacer mi voluntad. Incluso tuvo que abandonar su propia ciudad y pasar años escondido en Egipto por causa de Jesús. Tu también puede hacer grandes cosas para mí si sigues mis indicaciones. Así que estate quieta y sabe que yo estoy contigo siempre.

Gracias, Señor, por todos esos maravillosos sueños. Me han revelado la verdad. Me han acercado a ti.

PROPIA JUSTICIA

"Jesús dirigió esta parábola a aquellos que estaban convencidos de su propia justicia y despreciaban a todos los demás."

Lucas 18: 9

Hija mía, el día en que te das cuenta de tus propias imperfecciones, es cuando estás en el camino hacia la perfección. Nadie es perfecto en este mundo. Sólo yo soy perfecto. Por lo tanto nunca Te pienses mejor que otros. Todo el mundo ha recibido dones especiales de mi Padre. Todo el mundo es único. Es un pecado común pensar que los demás son menos justos que uno mismo. Arrepiéntete y cambia.

Señor, quítame mi orgullo y auto-justicia.
¡Mea culpa! ¡Mea culpa! Mea máxima culpa!

EL SEÑOR SE ARREPINTIO

"Entonces el Señor se arrepintió del castigo que había amenazado infligir a su pueblo."

ÉXODO 32:14

Siempre estoy dispuesto a perdonarte, mi preciosa hija. Todo lo que necesitas es arrepentirte de todos tus pecados y pedir perdón. Tus oraciones de intercesión por ti y por otros son traídas a mi trono por tus ángeles. Oigo cada una de tus oraciones. Me arrepentiré de castigar al escuchar tus peticiones, pues conozco tu corazón. Sólo quieres complacerme. A menudo eres tentada, pero persistes en tus oraciones. Puedes vencer todo mal por medio de oraciones. Simplemente di mi nombre "Jesús" y no habrá lugar para el maligno en tu vida. Mi nombre vence todo mal. Los dos no pueden convivir juntos. Elíjeme siempre.

Señor, gracias por perdonarme todos mis pecados pasados. Tu nombre es como la miel en mis labios. Jesús, te amo.

CREE EN ÉL

*"Así como Moisés levantó la serpiente
en el desierto, así debe ser levantado
el Hijo del Hombre, para que todo el
que cree en él tenga vida eterna."*

JUAN 3: 14-15

La verdad es muy simple. Cuando Moisés levantó la serpiente, todos los que la miraban fueron salvos. Así será para todos los que creen en mí. Ellos serán salvados. Con la fe todo es posible. Cuando crees en mí, todo será posible también, porque yo soy tu Dios todopoderoso. He enviado a mi Hijo al mundo para que creas y tengas vida eterna. Así que cree en él.

*Señor, creo en ti. Ayúdame a
confiar en ti más y más.*

GALILEA

"El Mesías no vendrá de Galilea, ¿verdad?"

JUAN 7:41

Hija mía, no me pongas en una caja ni me limites a un lugar. He creado el universo desde la nada. Puedo cambiar el flujo del viento y comenzar un terremoto. No estoy limitado por nada. La gente en la tierra es limitada y tiene carencias.

Yo no tengo ninguna. Puedo hacer lo que sea, donde quiera. Así que no me limites, ni pongas trabas a mi capacidad.

Lo único que importa es el amor, que no está limitado ni encadenado. El amor se expande, crece y puede curar todas las relaciones y todos los males. El amor lo conquista todo. No importa si vengo de Galilea o de Jerusalén. Yo soy Dios y no hay otro. Hónrame, cree en mí y tendrás vida abundante.

Mi Jesús, te agradezco por darme fe en ti.
Eres todo lo que necesito.
Tú eres mi Dios y mi Señor.

NO CREEN

> *"Porque si no creéis que YO SOY,*
> *moriréis en vuestros pecados."*
> JUAN 8:24

En mi visión vi a la gente parada en el barro. Aquellos que miraban a Cristo extendían sus manos hacia él y fueron levantados al cielo. Por supuesto, pasaron por una lluvia que los limpio de todo el barro antes de ser unidos a Jesús en el reino de Dios. Ellos fueron purificados de sus pecados.

Pero algunas personas prefirieron jugar en el barro. Ellos estaban riendo, tirando y empujando a la gente en el barro. No querían ser salvos. Ellos preferían estar en su estado fangoso. Estaban inmersos en su pecado y no querían ser levantados por Jesús. Me sentía muy triste por ellos.

Señor Jesús, tú moriste en la cruz para que todos fuéramos salvados. Todo lo que necesitamos hacer es arrepentirnos y creer en tu misericordia y seremos levantados para pasar la eternidad contigo en el cielo.

Que seas alabado y glorificado para siempre.

LA VERDAD

*"Si permaneces en mi palabra, verdaderamente
serás mi discípulo, y conocerás la
verdad, y la verdad te hará libre."*

JUAN 8: 31-32

Mi preciosa niña, cada palabra que digo es la verdad
y tiene el poder de cambiar el mundo y de cambiar tu
corazón. Pondera mis palabras, léelas, mastícalas y
memorízalas. Mis palabras te darán vida y paz en tu
corazón. Aquellos que no escuchan ni estudian mis
palabras son como personas pequeñas que están ocupadas haciendo tareas inútiles, todo hecho en vano.
Los que me oyen sabrán la dirección que deben seguir
y las acciones que deben hacer por el honor y la gloria
de mi Padre. Sin mis palabras, sólo habrá caos, no paz.
Con mis palabras, tendrás propósito en la vida. Así que
recuerda escucharme en todo momento, especialmente
temprano en la mañana. De esta manera estarás llena de
alegría cada día.

*Habla, Señor; Tu sierva está escuchando.
Tus palabras son más preciosas
para mí que el oro y la plata.*

CONSAGRAR

> *"Por esta 'voluntad' hemos sido consagrados*
> *a través de la ofrenda del cuerpo de*
> *Jesucristo una vez por todas."*
>
> HEBREOS 10:10

Mi amada esposa, tú y yo estamos unidos a través de mi cuerpo y mi sangre. Una pareja casada se convierte en un cuerpo. Así es contigo y conmigo. ¿Ves cómo hiciste todo para complacer a tu marido? Dejaste tu propia voluntad para hacer lo que él quería hacer. La alegría viene cuando estamos juntos haciendo la voluntad de mi Padre. Por eso vine al mundo. Vine a consagrar tu vida junto a la mía. Porque que he muerto por tus pecados has sido redimida. Ven, amada mía, a mi reino. No tengas ansiedad ni preocupación alguna. Siempre estoy a tu lado. Tú y yo somos uno. Eres mía.

> *¡Mi Señor y mi Dios!*
> *Te amo más que a nadie en la tierra.*
> *Para ti solo vivo cada día.*

SEÑALES Y MARAVILLAS

"A menos que ustedes vean señales
y prodigios, no creerán".

Juan 4:48

Algunas personas no creen hasta que ven señales y maravillas. Pero tú, mi hija preciosa, crees porque tienes mi amor. Porque amas a los demás, yo seguiré haciendo señales y maravillas a través de ti. Yo curé al hijo del funcionario porque él amaba a su hijo. El amor vence todo mal y enfermedad. Con amor puedes cambiar un corazón de piedra en un corazón de carne. Con amor todas las cosas son posibles.

Precioso Jesús, te agradezco por amarme
tanto. Creo en tu todopoderoso poder.

LAPIDAR A JESÚS

"Los judíos recogieron piedras
para apedrear a Jesús."

JUAN 10:31

Mi preciosa hija, la gente tiene miedo de la verdad. Están tan acostumbrados a las mentiras que no quieren oír la verdad. La verdad los hará libres. Pero prefieren vivir en su propia pecaminosidad. Ellos no quieren cambiar sus costumbres. Hija mía, tú sabes la verdad. No tengas miedo de ir y decirle a todo el mundo acerca de mí, aunque no quieran escuchar. Tu deber es decirles la verdad. Si lo aceptan o no, ese no debe preocuparte. Planta la semilla y yo me encargo del resto. La semilla crecerá al cultivarla y al regarla. Nada se pierde cuando trabajas para mí. Todo lo que necesito es tu voluntad y tu "sí".

Sí, Señor, iré y hablaré a otros acerca de ti y cuán grande eres. Tienes las palabras de vida eterna.

PARAÍSO

> *"Amén, os digo, hoy estaréis*
> *conmigo en el Paraíso."*
>
> Lucas 23:43

Cualquiera que crea en mí y me ame será salvo. El criminal que se burló de mí no obtuvo la salvación debido a su incredulidad. Pero el criminal que tenía amor y compasión y creyó en mi poder y autoridad fue salvado. Vine al mundo para que todos se salven. La salvación es para todos. Mi querida hija, sal y di a otros lo que he hecho por ti y tu familia. Deja a la gente saber que tienen un Dios amoroso y salvador. No tengo brazos ni pies excepto los tuyos. Así que se mis manos que sanan a mi pueblo y diles también la Buena Nueva. Necesito que continúes el trabajo que yo he iniciado.

> *Señor, estoy lista para hacer tu voluntad. Guíame*
> *y llévame por el camino correcto. Espero con ansias*
> *el día en que pueda unirme a ti en el Paraíso.*

ACEITE COSTOSO Y PERFUMADO

> *"María tomó un litro de aceite costoso y perfumado hecho de nardo genuinamente aromático y ungió los pies de Jesús y los secó con su pelo; La casa estaba llena de la fragancia del aceite. "*
>
> JUAN 12: 3

Mi preciosa hija, cada vez que amas a otros y haces buenas obras por los demás, expresas tu amor por mí, porque yo estoy en cada alma humana. Es una alegría ver a todos mis hijos amándose unos a otros, cuidándose unos a otros. Es más alegre verlos a todos en pacífica armonía que tener cualquier perfume caro que se vierte sobre mis pies. El amor de María por mí fue grande porque yo levanté a su hermano Lázaro de la tumba. Ella estaba dispuesta a verter el costoso aceite sobre mis pies en gratitud por lo que había hecho por ella y su familia. La vida es más costosa y más preciosa que cualquier perfume que el dinero pueda comprar. Ahora ve y haz lo mismo con los demás, como lo he hecho por ti.

Mi Jesús, te amo con todo mi corazón. Enséñame a amarte a ti ya los demás más y más cada día.

TRAIDOR

"Entonces Judas, su traidor,
respondió:" ¿No soy yo, Rabí? "
MATEO 26:25

Son las personas más cercanas a ti las que más te pueden lastimar. Aprende de mí. Perdónalos y bendícelos hasta el fin. No tengas rencores contra ellos porque no saben lo que están haciendo. Su visión es limitada. Muchos de ellos están influenciados por la cultura y el entorno que los rodea. No ven las cosas con mis ojos. Pero tú las ves y sabes mi voluntad. Sé misericordiosa y compasiva con los que te traicionan. Deja que tus acciones hablen de amor a todos. No actúes por ira u odio, sino con tu amoroso corazón. Ama a los demás como yo te he amado, siempre perdonando y siempre sirviendo.

Señor, dame más de tu corazón
perdonador. Quiero perdonar a los demás
y amarlos como me has amado.

ABRIL

MANSO CORDERO

"Y yo era como un manso cordero,
llevado al matadero",

Jeremías 11:19

Mi hija preciosa, el sufrimiento es parte del crecimiento. Sin dolor no hay ganancia o crecimiento espiritual. No tengas miedo de tomar tu cruz y seguir mi ejemplo. Yo amo incluso a los que me odiaron. Los perdoné porque no sabían lo que estaban haciendo. La mayoría de las personas no tratan de hacerte daño intencionalmente a menos que sean realmente tus enemigos. Aun entonces, yo te digo: "Ama a tus enemigos." Con amor serás capaz de suavizar todos los corazones. Ven y sígueme.

Cordero de Dios, tú que quitas los pecados del mundo, ten misericordia de mí. Señor, dame el coraje de llevar mi cruz diariamente y seguirte

NIÉGAME

"Te aseguro que no cantará el gallo antes
que me hayas negado tres veces".

Juan 13: 38

Todos los seres humanos son imperfectos. Sólo yo soy perfecto. Tu mejor amigo te fallará. Sólo yo siempre estaré allí para ti. Yo soy un Dios perdonador. Conozco todas tus luchas y debilidades. No estoy aquí para condenarte, sino para hacerte saber que estás perdonada. Te amo con un amor eterno. No habrá nada que pueda separarnos. Siempre estaré ahí para ti. Tú puedes contar conmigo. Incluso cuando me niegas como Pedro, nunca dejaré de amarte. Nunca te abandonare. Eres mía. Puedes confiar en mí. Se transformada como lo fue Pedro. No caigas en la desesperación, sino ten esperanza en mí. Te amo, mi amorosa hija.

Cámbiame, Señor, y moldéame a tu
imagen y semejanza. Quiero confiar
en ti más y más cada día.

PASCUA

"Antes de la fiesta de la Pascua, Jesús sabía que su hora había llegado de pasar de este mundo al Padre."

JUAN 13: 1

Mi querida hija, cada alma es preciosa para mí. Yo serví y morí por todos voluntariamente. Sólo por mi sangre eres salva. Así como con la Pascua en Egipto, cuando sólo los hogares que tenían la sangre del cordero sobre los postes de la puerta fueron salvados. Lo mismo ocurre con mi sangre. Los que comen mi cuerpo y beben mi sangre vivirán para siempre en el cielo conmigo. No habrá más tristeza ni llanto. Sólo el gozo llenará tu corazón. Vas a pasar la eternidad conmigo. Mientras estés aquí en la tierra, ve y sirve a los demás como yo te he servido. Lava sus pies, alimenta a los hambrientos y viste a los desnudos. Pero lo más importante de todo es acercar a todas las almas a mí.

Aquí estoy, Señor. Vengo a servirte a ti y a los demás. Gracias por redimirme con tu preciosa sangre.

MI ANTIGUO YO

"Sabemos que nuestro viejo ser fue crucificado con él, para que nuestro cuerpo pecador pudiera ser eliminado, para que ya no estuviéramos esclavos del pecado."

ROMANOS 6: 6

Mi hija, tu antiguo yo se ha ido, ha sido limpiado por mi preciosa sangre y agua. Tu nuevo yo es todo lo que te he creado para ser — tierna, amable, cariñosa, servicial, compasiva, comprensiva, misericordiosa, cordial, paciente, encomiadora, auto-controlada, sabia y agradecida. En todos los sentidos te has vuelto más y más como yo. Cuando la gente te vea sabrán que eres mi hija.

Ellos ven el parecido; de tal padre tal hijo; de tal madre tal hija. Eres mi hija preciosa y ese es tu nuevo yo. Vive cada día en mi amor. No hay lugar para la tristeza, la culpa o el pecado. Sólo hay amor, paz y alegría.

Padre amoroso, gracias por enviar a tu Hijo unigénito al mundo, para que yo sea redimida y disfrute de la eternidad contigo en el cielo. Es un privilegio ser tu hija.

ÉL NOS ENCARGÓ

*"Nos encargó predicar al pueblo y dar
testimonio de que él es el nombrado por Dios
como juez de los vivos y los muertos."*

HECHOS 10:42

Estoy tan vivo hoy como hace eones pasados. Yo soy el
Dios vivo. La muerte no tiene poder sobre mí. Todo el
que cree en mí será salvo. Así que ve y anuncia la Buenas
Nueva a todos. No te preocupes por lo que digan o
piensen los demás. Estás construyendo mi reino. Que
nadie te detenga. Cuando la gente se ríe y se burla de
ti, tu serás bendecida porque sé lo fiel y obediente que
realmente eres. No dejes que los comentarios de otras
personas te hagan daño. No saben nada mejor. Ellos
no están listos para recibirme en sus corazones. Pero tu
estas comisionada para esparcir mi semilla. Si la semilla
crece o no, no importa. Ve y se mi discípula.

*¡Regocíjate y alégrate! Porque hoy mi
Señor ha resucitado de entre los muertos.
Él es mi Salvador y mi redentor. Gracias
por llamarme a ser tu discípulo.*

MARÍA MAGDALENA

María Magdalena y la otra María
se alejaron rápidamente del sepulcro,
temerosas y llenas de alegría, y corrieron a
anunciar la noticia a sus discípulos. "
MATEO 28: 8

Sí, mi hija preciosa, elegí aparecer ante las mujeres primero porque estaban dispuestas a salir de su zona de confort para ir a la tumba y atenderme. No tenían miedo de enfrentar a los guardias o de tocar mi cadáver. Su amor por mí superó todo su miedo. Todo lo que querían era ver que yo estuviese enterrado adecuadamente. Por eso me aparecí a ellas primero. Sabía que iban a creer en mí y que dirían a otros la Buena Noticia. Fueron fieles en todo lo que hicieron por mí. Me siguieron a lo largo de mi ministerio. Atendieron a todas mis necesidades. Eran mi mano derecha actuante detrás de los bastidores. Fueron tan importantes para mí como los doce discípulos. Puedo usarte de la misma manera.

Señor, gracias por elegirme para difundir
tu Buena Nueva a los demás. Condúceme
y guíame. Protégeme de todo mal.

SER BAUTIZADO

"Arrepentíos y bautícese, cada uno de vosotros, en el nombre de Jesucristo, para perdón de vuestros pecados; Y recibiréis el don del Espíritu Santo. "

HECHOS 2:38

Mi reino es muy simple y fácil de alcanzar. Incluso un niño puede entrar en él. No requiere un doctorado o forcejeo alguno. Todo lo que necesitas es amarme con todo tu corazón. Sólo el amor importa en mi reino. Nada más. No sientas que tienes que trabajar duro para ganarlo. Yo lo he ganado para ti. El amor verdadero es ser sinceros el uno con el otro. El amor verdadero siempre está dispuesto a perdonar. El verdadero amor lo hace todo con alegría — incluso la muerte en la cruz. En el bautismo, el agua lava todos tus pecados. Purifica tu cuerpo y tu alma como novia que se prepara para su marido. Sólo entonces podré llenarte de mi Espíritu Santo.

Espíritu Santo, ¡ven! Ven a mi corazón.
Enséñame a amar a Dios más y más cada día.

QUÉDATE CON NOSOTROS

"Quédate con nosotros, porque es casi la
tarde y el día está casi terminado."

LUCAS 24:29

Hija amorosa, cuántas veces he anhelado estar contigo, pero tú estabas demasiada ocupada con cosas terrenales. Nunca entro en tu corazón sin ser invitado primero, porque te he dado un libre albedrío. Te honro y te respeto. Por lo tanto, antes de comenzar cualquier proyecto o ir a cualquier lugar, invítame primero. Pide mi presencia y te guiaré y te enseñaré. Tú estarás llena de mi espíritu de alegría y confianza.

Podrás hacer todas las cosas para mi gloria. Verás el mundo como yo lo veo. Tu vida cambiará 180 grados como la de los dos discípulos en el camino a Emaús. Estaban deprimidos y listos para irse a casa antes de que me encontraran en el camino. Pero en el momento en que me invitaron a cenar con ellos me reconocieron y sabían exactamente lo que debían hacer. Regresaron a Jerusalén para ser testigos ante los once discípulos.

Señor Jesús, te invito a mi corazón.
Nunca me dejes separarme de ti.
Tú eres mi todo y mi salvación. Te quiero.

FANTASMA

"Tócame y mira, porque un fantasma no tiene carne y huesos como puedes ver que tengo."

LUCAS 24:39

Sí, he resucitado. No soy un fantasma. Yo soy tu Jesús de carne y hueso. Cuando mueras, también tendrás carne y hueso. Disfrutarás el banquete en el cielo conmigo por la eternidad. No hay nada comparado con el gozo en el cielo. Todas las lágrimas serán borradas pues estoy contigo siempre. Conmigo, tu corazón se llenará hasta el borde con mi alegría. Un fantasma es un alma errante que se pierde. No te perderás, serás encontrada. Tienes un hogar en el cielo conmigo. He preparado un lugar especialmente para ti. Tu nombre está escrito en el libro de la vida.

Señor, apenas puedo esperar el día en que pueda verte cara a cara. Aumenta mi fe en ti, mi amoroso Jesús.

EL LADO CORRECTO

"Echa la red sobre el lado derecho
del bote y encontrarás algo."

JUAN 21: 6

Hija mía, siempre estoy cerca de ti. Pero tú eres como mis discípulos que estaban demasiado ocupados para reconocerme de pie junto a la orilla. No me pidieron que fuera con ellos en el barco cuando iban a pescar. No atraparon nada toda la noche. Cuando estás demasiada ocupada con tantas actividades y te olvidas de pedirme consejo, no lograrás mucho ni te darás cuenta de que estoy cerca de ti. A menos que te detengas a escucharme o a buscarme, no sentirás mi presencia. Hija mía, a partir de ahora intenta hacer el hábito de preguntarme antes de hacer cualquier cosa. Tú te sorprenderás de lo fructífera que será tu vida con mi presencia. Vivirás una vida abundante. Como mis discípulos, capturarás más de 153 peces grandes, pero tu red no se romperá. Ven a disfrutar de la fiesta conmigo.

Jesús, estás verdaderamente presente cada minuto
de mi vida. Abre mis ojos para que pueda verte
donde quiera que yo esté. Ayúdame a escuchar tu
voz y a obedecer lo que me mandas que haga.

AUDACIA

Todos quedaron llenos del Espíritu Santo y anunciaban decididamente la Palabra de Dios.

Hech 4:31

Mi hija preciosa, ser audaz es salir afuera sin miedo. Cuando tu amor por mí es mayor que tu amor por los demás, es cuando te atreverás a compartir mi historia. Los once discípulos estaban dispuestos a arriesgar sus vidas por mí porque me amaban más que a sus familias y amigos.

Tu amor por mí debe aumentar antes de que tengas el valor de dar tu vida por mí. Mis discípulos eran mis compañeros constantes, lo que significa que pasaban cada minuto conmigo. Si estaban comiendo o durmiendo, estaban conmigo. Escucharon mis palabras e hicieron lo que les dije que hicieran. Me gustaría invitarte a ser mi compañera también.

Señor Jesús, quiero amarte por encima de todos los demás. Por favor, entra en mi corazón y vive conmigo cada momento de mi vida.

NACIDO DE ARRIBA

Jesús le respondió:
«Te aseguro que el que no renace de lo
alto no puede ver el Reino de Dios.»

JUAN 3: 3

La gente no entiende que para entrar en el Reino de Dios, uno tiene que nacer del agua y del espíritu a través del bautismo. Es como ir a un país extranjero. Uno debe tener un pasaporte y visa. Sin ellos no se puede entrar. Así es con el Reino de Dios. Es muy fácil nacer del agua y del espíritu. Está al alcance de todos. Todos están invitados al reino de mi Padre. Es gratis para todos. Así que ve y di a todos sobre esta Buena Noticia. Se cariñosa. Se amable. Es un regalo gratuito para todos los que quieran pasar la eternidad conmigo. Ve y anuncia la Buena Nueva a todos los que no son bautizados. Esta es tu vocación. Esta es tu llamada.

Señor, dame la audacia de hablar de ti y de tu
reino a todos los que conozco. Lléname con tu
Espíritu Santo. Lléname de tu sabiduría.

COMUNIDAD DE CREYENTES

> *"La multitud de los creyentes tenía un solo corazón y una sola alma. Nadie consideraba sus bienes como propios, sino que todo era común entre ellos."*
>
> HECHOS 4:32

Cuando fuiste bautizada, hijo mía, naciste de nuevo como parte de mi familia. Todo el que es bautizado se convierte en tu hermano y en tu hermana. Todo lo que tienes viene de mi padre. Cuando eras niña, ¿te preocupaste por algo? ¿Te falto algo? ¿Sus padres proporcionaron a todas tus necesidades? Así es como tu nueva vida en mi familia debe ser, totalmente confiada y contenta con todo lo que tienes. Puesto que todo se te da libremente, debes compartirlo con otros que estén necesitados. Solo de esta manera vives verdaderamente en mi reino. No te faltará nada. Cuanto más das, más recibirás. Se generosa con todos los que están en necesidad.

Mi Dios y Padre amoroso, te agradezco por haberme dado una nueva vida en tu reino. Estoy verdaderamente bendecida. Ayúdame a compartir todo con los menos afortunados que yo.

EL ELEGIDO

> *"Aquí está mi siervo a quien sostengo, mi escogido con quien me complazco, sobre el que he derramado mi Espíritu," Hará justicia a las naciones, no gritando, ni clamando, ni haciendo oír su voz en la calle. "*
>
> ISAÍAS 42: 1

En mi visión vi a una persona que llevaba una carga pesada en su espalda.

Jesús me dijo: "Hija mía, tú eres escogida para ayudar a los que están muy cargados y oprimidos. Ellos no pueden cambiar sus vidas por si mismos. Tú, mi amada hija, estas llamada a aligerar su carga y a hacer justicia. Tú eres mis manos y mis pies. Tu estas en la tierra para continuar el trabajo que empecé hace 2.000 años. Tú estás capacitada para ayudar a otros que no pueden ayudarse a sí mismos. Ellos son como prisioneros encerrados en su debilidad y su pecado. Ve y llena el vacío de todos los que encuentres hoy, con mi amor. Ve con mi Espíritu".

> *Amoroso Jesús , te agradezco por haberme elegido para hacer tu trabajo. Lléname con tu Espíritu Santo.*

IRA DE DIOS

> *"El que cree en el Hijo tiene vida eterna, pero*
> *el que desobedece al Hijo no verá la vida,*
> *pero la ira de Dios permanece sobre él"*
> (Juan 3:36).

En mi visión vi a Dios, el Padre, alistando su mano para derribar a los pecadores. Pero Jesús, la Divina Misericordia, estaba delante de su Padre y de sus manos agua y sangre se derramada sobre los pecadores. Jesús me dijo: "El que viene a mí, hallará misericordia y redención. Yo soy un Dios misericordioso. Todo el que se arrepienta de sus pecados será perdonado.

"La ira es sólo para aquellos que no buscan a Dios, ni piden su perdón. Ellos son egoístas y piensan que son como dioses. Ellos no obedecen mis leyes y mandamientos. Mis leyes han sido creadas para dar vida. Quien las observe tendrá vida en abundancia. Estas son las palabras básicas por recordar, querida hija; obediencia, arrepentimiento, perdón y fe en mi misericordia y compasión".

> *Señor ten piedad. Cristo, ten piedad*
> *de mí, una pecadora. Jesús, lávame*
> *de todos mis pecados pasados.*

COMO UN NIÑO

> *"Amén, os digo que el que no acepte el reino como un niño no entrará en él".*
>
> MARCOS 10:15

Es más fácil enseñar a un niño que a un adulto, porque el niño está abierto y ansioso por aprender. Tú eres mi hija. Yo te instruiré. Yo te mostrare el reino y tú traerás otros a mí. Confía en mí. No te preocupes por nada. Aprende de los niños. Nunca se preocupan de su comida o vestido. Imagínate como una de ellos. Ve lo despreocupados que son. Disfrutan cada momento de su día. Ellos aman y perdonan fácilmente. No guardan rencores. Deja que tu corazón cante con alegría como un niño pequeño. Se me alegra el corazón cuando estás feliz.

Mi amoroso Padre, confío en ti. Jesús, te amo. Espíritu Santo, soy tuya.

SOY YO

> *"Soy Yo, no tengan miedo."*
> JUAN 6:20

Sí, yo soy el Dios del universo. Soy un Dios amoroso. He venido a mostrarte el camino a mi Padre, el cual te ama con un amor eterno. No tienes nada que temer. Mi Padre te creó a su imagen y semejanza. Él está muy contento contigo. Él ama todas sus creaciones, especialmente a los seres humanos. Cada persona es capaz de un gran amor. Él te ha dado un libre albedrío para elegir amarlo o no. Incluso me envió al mundo para modelarte y para mostrarte de qué se trata el verdadero amor. Así que no tengas miedo. No te preocupes por tus necesidades diarias. Mi Padre proveerá para ti. Todo lo que tienes que hacer es amar. El amor perfecto echa fuera todo el miedo.

*Abre mi corazón, Señor. Ven a mi alma
y enséñame a amar como me has amado.
Contigo a mi lado, no tengo nada que temer.*

OBEDECER A DIOS

"Pedro, junto con los Apóstoles, respondió: «Hay que obedecer a Dios antes que a los hombres."

HECHOS 5:29

Mi querida hija, obedecerme es amarme. El amor sin obediencia es amor propio. Sólo cuando renuncias a tus miedos y ansiedades puedes verdaderamente hacer mi voluntad. Sin la obediencia vives en egoísmo. Todavía piensas que puedes lograrlo todo sin mí. El amor perfecto a Dios consiste en entregar y abandonar tu voluntad a mí. Sólo entonces podrás vivir en perfecta armonía contigo misma y con Dios. Tu verdadero yo sólo surgirá cuando esté sometido en total obediencia a mi voluntad. Mi voluntad para ti es lo que da sentido a tu vida. Encontrarás verdadera felicidad y paz cuando obedezcas mi voluntad.

Señor, aquí estoy lista para hacer tu voluntad. Ayúdame a ser valiente en proclamar tu reino a los demás. Es una alegría trabajar para ti.

GRACIA Y PODER

"Esteban, lleno de gracia y poder, hacía
grandes maravillas y señales entre el pueblo."

Hechos 6: 8

Esteban fue llenado de gracia y poder, porque primero se vació de sí mismo y me entregó su vida. Sin primero renunciar a toda su ambición y poder, no podía yo derramar mi amor y el Espíritu Santo sobre él. Tú, hija mía, debes hacerme sitio en ti limpiando todo lo sucio que hay en tu corazón. Casi como una mujer embarazada que prepara una habitación para su bebé que espera. Ella necesita primero sacar de la habitación todos los muebles viejos. Solo así podrá amueblar la habitación con muebles nuevos para su bebe. Tú debes hacer lo mismo con tu corazón para mí. Primero debes vaciarte de ti misma y prepararte alimentadote con comida espiritual. Así estarás lista para ser llenada de mi gracia, poder, sabiduría y alegría interior. Tu rostro será como el rostro de un ángel, lleno de amor y paz.

Ayúdame, Señor, a vaciarme de mi misma para
que tu amor y tu gracia llenen mi corazón.
¡Ven Espíritu Santo, ven!.

PAN DE VIDA

"Yo soy el pan de la vida",
Juan 6:35

Mi hija amorosa, yo soy todo lo que necesitas. Cuando me tienes, tienes todo. Todo lo que tienes que hacer es venir a mí y creer en mí. Es tan simple y sin embargo muchas personas encuentran difícil el aceptar esto. Yo soy la vida, el camino y la verdad. Cuando estés conmigo, tu corazón estará lleno de amor, paz y alegría. Podrás ver otros con mis ojos y amar a otros con mi corazón. Nunca tendrás hambre ni sed. Todo lo que necesitas hacer es pedir y se te dará. Imagínate sentada en una silla de sedán, llevada por 4 personas. Para obtener lo que necesitas, solo debes mover la mano u ordenarlo. Tu deseo será concedido sin tardanza alguna. Tú eres mi amada. Yo escucho tus oraciones y siempre te respondo.

Señor, mi corazón rebosa de gozo, sabiendo cuánto me amas. Gracias por mi vida.

LA LUZ

"En cambio, el que obra conforme a la verdad se acerca a la luz, para que se ponga de manifiesto que sus obras han sido hechas en Dios».

JUAN 3: 21

En mi visión vi una luz grande, redonda y brillante, pura y blanca. Jesús me dijo: "Yo soy la luz del mundo. Todo el que viene a la luz se conecta instantáneamente a mi luz y se vuelve brillante. La luz te revelará la verdad. Cuando estas lejos de la luz, vivirás en tinieblas. Cuando estas conectada a la luz, tendrás el poder de hacer todo lo que yo hice. Soy como tu cargador de batería. Sin esta batería, no tienes vida. No puedes hacer nada. Yo soy la vid y ustedes son las ramas. Permanece en mí y vivirás. Yo te podaré hasta que produzcas buen fruto."

Oh Señor, tú eres mi luz.
Ven y brilla sobre mí.
Quiero vivir en la verdad.

INSTRUMENTO ELEGIDO

"Ve, porque este hombre es mi instrumento
elegido para llevar mi nombre ante
los gentiles, reyes e israelitas.

Hechos 9:15

En mi visión me vi como un cuchillo en la mano de Dios. Me utilizó para liberar a los cautivos. Durante la cirugía utilizó el cuchillo para cortar y eliminar todas las partes malas del cuerpo. En la vida cotidiana me utilizaba para esparcir mantequilla y mermelada en el pan. Pero cuando este cuchillo está en la mano del maligno, puede herir y matar a otros. Jesús me dijo: "Hija mía, tú estás en mis manos. Es tu trabajo, como mi instrumento elegido, mantenerte limpia y afinada para ser utilizada en cualquier momento. Tu trabajo es estar lista y ser obediente a mis inspiraciones. Siempre escucha mi voz. Te guiaré en cada tarea que hagas cada día si me preguntas primero. No salgas y actúes sola. Ve conmigo. Coge mi mano.

Gracias, Dios, por esta hermosa visión.
Úsame y quédate conmigo siempre.

EL ORGULLO

"Dios se opone a los soberbios, pero
concede gracia a los humildes."

1 PEDRO 5: 5B

Mi preciada hija, la razón por la que yo favorezco a los humildes es porque dependen totalmente de mí y sólo hacen las cosas bajo la guía del Espíritu Santo. Los orgullosos actúan por su propio poder y piensan que no me necesitan. Sé humilde y sabe que yo soy Dios. Yo estaré contigo siempre. Sin mí no puedes hacer nada. Conmigo, todas las cosas son posibles. Aprende a apoyarte en mí siempre.

Padre amoroso, no soy nada sin ti. Eres mi
todo. Enséñame a ser humilde ante tus ojos.

MI CARNE

*"Yo soy el pan vivo que descendió del cielo; El que
come este pan vivirá para siempre; Y el pan que
yo daré es mi carne para la vida del mundo. "*

JUAN 6: 51

En mi visión vi la Hostia brillando con pura luz blanca.
Reflejaba la luz del sol. Todo el que la consumía se volvía
resplandeciente. Eventualmente vi el círculo de luz que
brillaba y brillaba. Jesús me dijo: "Mi hija preciosa,
cuando recibes mi cuerpo y mi sangre, también recibes
la luz de la vida. ¿Has notado cómo la gente santa tiene
siempre un resplandor alrededor de ellos? Yo soy la luz
del mundo. Cuando me recibes, también recibes mi luz.
Los dos van juntos. Quédate cerca de mí; de lo contrario
tu luz disminuirá cuando estés lejos de mí. Fíjate cómo
la cara de Moisés brilló tanto que tuvo que usar un velo
para cubrirla. Ven y recibe mi carne y sangre todos los
días y vivirás una vida abundante.

*"Señor, no soy digno de recibirte,
pero di una sola palabra y seré sanada.
Por favor, ven y lléname con tu luz.*

OYE MI VOZ

"Mis ovejas oyen mi voz; Yo las conozco y ellas me siguen. "

JUAN 10:27

Hija mía, no tienes que preocuparte nunca. Siempre cuidaré de ti porque eres mía. Me perteneces. Nadie puede arrebatarte de mí. Todo lo que tienes que hacer es escuchar mi voz y seguirme. Nunca serás arrebatada de mi lado. Conmigo junto a ti, no tienes nada que temer. Te protegeré de todo mal. Tú eres mi amada. Te he atesorado y te he amado desde el día en que fuiste concebida en el vientre de tu madre. Incluso si caminases en el valle oscuro, estaré allí para ti. Tienes un gran futuro por delante. He preparado un suntuoso banquete para ti. Pasaremos la eternidad juntos. Ven y pasa momentos tranquilos a solas conmigo. Siempre escucharás mi voz cuando estés quieta.

Habla, Señor, estoy escuchando.
Me encanta escuchar tu voz.
Tu voz es más dulce que la miel.

RESENTIDO

"¿Por qué estás tan resentido y alicaído? Si lo haces bien, puedes sostener tu cabeza; Pero si no, el pecado es un demonio que acecha a la puerta: su impulso es hacia ti, pero puedes ser su amo. "

GÉNESIS 4: 6-7

Mi preciosa hija, cuando tienes sentimientos negativos contra tu prójimo, trata de volver tus pensamientos positivos. Los sentimientos de resentimiento y *odio abren rápidamente puertas al maligno.* El resentimiento hacia alguien es lo contrario al amor. El resentimiento endurece tu corazón. Mira cómo Caín finalmente mató a su hermano Abel por sus celos y resentimiento. En lugar de dar a Dios lo mejor de sus frutos como ofrenda, sólo le dio el mínimo. Su amor por Dios era muy superficial. En lugar de mejorar su propia conducta, mató a su hermano. Mi Padre sabe lo que hay en tu corazón antes de hablar. Elije siempre el amor.

Señor, por favor perdóname por todas las veces que he sentido resentimiento hacia los demás. Ayúdame a amar más como tú amas.

LA PUERTA

*"Yo soy la puerta. El que entre por mí será
salvo, y entrará y saldrá a buscar pasto. "*

JUAN 10: 9

En mi visión vi una puerta y una cerca blancas que cercaban un área de prado verde exuberante. Los pájaros cantaban. Fuera de la puerta había un bosque, lleno de árboles y oscuridad.

Jesús me dijo: "Hija mía, te cubro con mi amor dentro de la puerta. Estás protegida de todo daño y del maligno. Estás a salvo mientras estés conmigo. No te sientas tentada a vagar fuera de la puerta donde el maligno está listo para devorar a cualquiera que lo siga. Quédate cerca de mi. De esta manera siempre estarás en buena compañía. Nunca tendrás que preocuparte de nada cuando estés conmigo.

*Gracias, Jesús, por ser mi buen pastor.
Nunca intentaré vagar fuera de tu puerta sola.
Te amo con todo mi corazón.*

MI PADRE

> *"Mi Padre, que me los ha dado, es mayor*
> *que todos, y nadie puede sacarlos de la mano*
> *del Padre. El Padre y yo somos uno. "*
>
> JUAN 10: 29-30

En mi visión vi a un grupo de gemelos que estaban unidos el uno al otro en partes de sus cuerpos. Jesús me dijo: "Sí, mi Padre y yo hemos existido juntos desde el principio de los tiempos. Como los gemelos, estamos conectados en espíritu. Todo lo que mi Padre quiere que yo haga, lo hago. Somos uno. Aunque somos dos personas separadas, nuestros pensamientos son iguales. Nuestro amor por ti es el mismo. Nuestra voluntad es la misma. Cuando me amas, amas a mi Padre. Cuando amas a mi Padre, también me amas a mi. Somos un Dios que ha creado este universo. Eres nuestro hija y te amamos.

> *Mi amoroso Padre, solo quiero hacer*
> *tu voluntad. Quédate conmigo, Jesús,*
> *y lléname del Espíritu Santo.*

NO CONDENE

> *"Y si alguno oye mis palabras y no las observa, no lo condeno, porque no he venido a condenar al mundo, sino a salvar al mundo".*
>
> JUAN 12:47

Mi preciosa niña, no apuntes con el dedo a nadie. Cada vez que tu dedo acusa a otros, otros tres dedos apuntan hacia ti misma. En este mundo todos cometen errores. Nadie es perfecto. Tu trabajo es ver lo bueno en cada una de las personas que encuentres cada día. Hazles saber lo especial y amados de Dios que son, porque cada alma es preciosa para mí.

Cada alma es como una piedra en bruto que podría ser un diamante después de pulirlo. Todo el mundo está en una etapa diferente de pulido. Algunos ya son radiantes y brillantes; algunos están justo al comienzo de su viaje y proceso. Sé paciente con todo el mundo. Se cariñosa y perdona a todos. Sé imitadora de mí. Amad a cada uno como yo os he amado.

> *Señor, dame tu paciencia, amabilidad y perdón para todos los que entran en mi vida cada día. Vierte más de tu amor en mi corazón.*

EL CAMINO

"Yo soy el camino, la verdad y la vida.
Nadie viene al Padre sino por mí. "

JUAN 14: 6

En mi visión vi un camino de ladrillo amarillo como la película del Mago de Oz.

Jesús me dijo: "Mi hija preciosa, yo soy el camino a mi Padre. Si me sigues, vendrás al Padre. Yo soy la verdad, por esta razón, sea lo que te diga, puedes depender de ella. Nunca te voy a extraviar. Yo soy la vida. Cualquiera que me siga tendrá una vida abundante, una vida llena de alegría y plenitud, una vida con propósito y significado. Nunca te arrepentirás de seguirme. Mi Padre te recompensará grandemente. Él te dará la bienvenida en sus brazos como yo lo he hecho. Lo conocerás tan bien como yo lo conozco y serás amada por él como él me ama.

Padre Eterno, gracias por enviar a tu Hijo
único al mundo para que yo te conozca y te
ame. Jesús, estoy dispuesta a renunciar a todo
lo que hay aquí en la tierra y a seguirte a la
vida eterna en el cielo. Llévame a tu Padre.

MAYO

EN MI NOMBRE

"Si me pides algo en mi nombre, lo haré."

JUAN 14:14

Mi preciosa hija, ¿rehusarías cualquier cosa que tus hijos te pidan? No, a menos que sepas que es malo para ellos. Así es conmigo. Cualquier cosa que me pidas, lo haré, a menos que sepa que no es bueno para ti. Cuanto más íntima es tu relación con los miembros de tu familia o amigos, más fácil es para ti pedirles un favor, porque tú sabes cuánto te aman y se preocupan por ti. Así es entre tú y yo. Lo más importante es la relación. ¿Puede una madre amorosa negarle a su bebé su leche? No, porque el bebé le pertenece. El bebé es de su propia carne y sangre. Así es contigo y conmigo. Tú eres mi propia carne y sangre porque tú comes mi cuerpo y bebes mi sangre cada mañana en la Misa. Tú me perteneces. Nunca te negaré nada, cuando me pidas en mi nombre.

Señor, gracias por amarme tanto y por tratarme como parte de tu propio cuerpo. Me siento tan bendecido de ser un miembro de su familia.

NUEVO MANDAMIENTO

*"Les doy un nuevo mandamiento: ámense los
unos a los otros. Como yo os he amado, así
también ustedes amanse los unos a los otros. "*

Juan 13:34

En mi visión vi un corazón rojo y una Hostia blanca.
Jesús me dijo: "Hija amorosa, cada vez que me recibas
en la Eucaristía, mi Hostia blanca reemplazará las célu-
las egoístas en tu corazón. Cuanto más me recibas, más
seré capaz de trabajar con tu corazón. Finalmente, tu
corazón se transformará en un corazón blanco y desin-
teresado como el mío. Podrás amar a los demás como yo
te he amado. Podrás hacer sacrificios y no quejarte, sino
hacerlo con amor y alegría. Renovaré tu amor y refrescaré tu corazón. Estarás llena de mi amor.

*Gracias, Jesús, por tu amor y esta
bella visión. Siempre la guardaré en
mi corazón. Te amo, Señor.*

EL PADRE

> *"Créanme cuando digo que estoy en el*
> *Padre y que el Padre está en mí".*
>
> JUAN 14:11

El Padre y yo somos uno. Puesto que tú me recibes cada mañana en la comunión también recibes al Padre. Siempre estamos unidos porque vine al mundo para hacer la voluntad de mi Padre. Cuando vivamos en ti, tu también te unirás a nosotros y harás nuestra voluntad. Es a través de esta unidad que tú te convertirán en nuestra fiel discípula. Todo lo que hagas será efectivo. Ningún acto será inútil. Unidos, podemos conquistar el mundo. Invítanos a morar en ti cada mañana. No dejes tu cama hasta que tú nos haya invitado a unirnos a ti cada día. Estamos contigo cada minuto y te guiaremos en todo lo que hagas por nosotros. Eres nuestra hija amada. Ve en paz.

> *Señor, te invito hoy y todos los días a*
> *entrar en mi corazón. Que yo sea obediente*
> *a todos tus impulsos. Padre, estoy aquí*
> *para hacer tu voluntad. Dame el coraje*
> *de salir de mi zona de confort.*

PENA

"Es necesario que pasemos por muchas
dificultades para entrar en el reino de Dios."

HECHOS 14:22

Mi amada hija, no hay verdadero amor sin sacrificio. No hay edificación a menos que la gente gaste tiempo y esfuerzo construyendo. Así es con el discipulado. Pablo estaba dispuesto a ser apedreado, puesto en la cárcel, encadenado y sufrir un naufragio. Serás purificada y fortalecida al pasar por las dificultades, preparándote así para el reino de Dios. Vale la pena todo tu esfuerzo y sacrificio.

Mientras estas aquí en la tierra, no dejes pasar un día sin hacer el bien a los demás en mi nombre. No pierdas la oportunidad de contarle a todos sobre el reino que he preparado para cada uno de ellos.

Aquí estoy, Señor, vengo a hacer tu voluntad.
Quédate conmigo cada día. Muéstrame el camino.
Dame la fuerza para superar todas las dificultades.

VINADOR

"Yo soy la vid verdadera, y mi Padre es el viñador

JUAN 15: 1

En mi visión vi una viña. Había un árbol grande en el medio — el árbol de la vida — es Jesús. Jesús me dijo: "Mi hija preciosa, yo soy la vid y tú las ramas. Mientras sigas conmigo, darás mucho fruto, porque mi árbol te dará vida abundante. Experimentarás la verdadera paz, amor y alegría en tu corazón. Lejos de mí, serás estéril e inútil, apta sólo para ser echada al fuego y ser quemada. Permanece en mí; habita en mí e imítame. Mi Padre, que es el viticultor, te podará y te alimentará con agua viva. Florecerás y crecerás.

Señor Jesús, no puedo hacer nada sin ti.
Te necesito en mi vida. Te pertenezco.

TODOS LOS QUE CREEN

"Yo he venido al mundo como luz, para que todo aquel que cree en mí no permanezca en tinieblas."

JUAN 12:46

En mi visión vi a Jesús caminando delante de mí, guiándome con su luz. Jesús me dijo: "Cuanto más cerca vengas a mí, más serás capaz de ver la verdad claramente, porque yo soy la luz del mundo. Conmigo tú verás todo como a la plena luz del día. Nada se te ocultará porque crees en mí. Los que no creen no ven la verdad y caminan en la oscuridad y el caos. Pero tu tienes la luz delante de ti para guiarte en el camino correcto. No tropezarás ni caerás. Tendrás la luz de la vida.

Yo creo en ti, Señor.
Eres la luz del mundo.
Yo te seguiré siempre.

PABLO Y BERNABE

> *"Escucharon mientras Pablo y Bernabé*
> *describían las señales y prodigios que Dios*
> *había hecho entre los gentiles a través de ellos".*
>
> HECHOS 15:12

Hice muchas señales y prodigios a través de mis dos discípulos, Pablo y Bernabé, porque ellos eran mis fieles siervos. En realidad, se pueden ver señales y maravillas en todo el mundo. Mira la naturaleza alrededor de ti; hay aún mayores señales y maravillas que te rodean.

Para mí, nada es imposible. Incluso en el valle de la muerte, las flores hermosas florecerán. He conquistado la muerte. Siempre hay renacimiento y renovación. Doy vida a todos aquellos que no tienen esperanza. Doy alegría a los que están deprimidos. Doy ánimos a los que han perdido la esperanza. Realizare más signos y maravillas si tu vas y haces mi trabajo para otros. Nunca volverás con las manos vacías. Volverás a mí con alegría y risa, porque yo soy un Dios impresionante y todopoderoso.

> *Te alabo, mi Dios del Universo.*
> *Te alabo, el creador de todos los ángeles y santos.*
> *Todas las cosas son posibles contigo, Señor.*

MIS AMIGOS

"Vosotros sois mis amigos, si hacéis lo que yo os mando".

Juan 15:14

Amada, tú eres mi amiga. Te he elegido y has respondido a mi llamada. Puedes confiar en mí en cualquier momento como lo haces con tus amigos. Puedes abrir tu corazón y yo te escucharé y te consolaré. Puedes confiar en mí en tiempos de necesidad. Siempre estaré ahí para ti. Puedes celebrar y regocijarte conmigo. Puedes llorar en mi hombro y te consolaré.

Puedes pedirme favores y no te los rehusaré. Soy tu mejor amigo. Siempre puedes contar conmigo. A pesar de que tus amigos pueden fallarte, *yo* siempre estaré allí para ti. De eso se trata la verdadera amistad. Así que ven a mí en todas tus necesidades. Estoy contigo, hija mía.

Gracias Jesús.
Eres el mejor amigo que cualquiera puede tener.
Te amo con todo mi corazón y alma.

EL MUNDO TE ODIA

"Si el mundo os aborrece, comprended
que antes me odió a mí."

JUAN 15:18

En mi visión vi a Jesús con toda su luz y gloria. Sus ene-migos le tenían miedo. Odiaban la luz como hacen las cucarachas. Cuando vieron la luz, todos se dispersaron. Jesús me dijo: "Hija amorosa, yo soy la luz del mundo. Pero el mundo prefiere las tinieblas, porque en la oscu-ridad de la noche pueden hacer todas las cosas malas. La luz revela todas sus acciones pecaminosas. Es lo mismo contigo. Cuando tu luz brilla hacia la gente, los que están en tinieblas no quieren estar cerca de ti. Ellos están celosos de ti y te odian por exponer su pecamino-sidad. Pero no tengas miedo. Estoy a tu lado. Deja que tu luz sea un faro para los que están perdidos y necesitan guía."

Jesús, deja que tu luz brille sobre el mundo
entero. Ayúdame a permanecer firme en tu luz.

YO EN ÉL

"Yo soy la vid, ustedes son las ramas.
El que permanece en mí y yo en él dará mucho
fruto, porque sin mí nada podéis hacer. "

JUAN 15: 5

En mi visión cuando vivía en Jesús, su cuerpo me envolvía completamente como un traje de astronauta. En el momento en que me fui demasiado lejos de él, mi suministro de aire dejó de fluir. Mientras estaba cerca de Jesús, yo respiraba y vivía en él. Jesús me dijo: "Mi hija preciosa, vivo en tu corazón y tú vives en mi corazón. Cuando te alejas, entonces no puedo apoyarte. Cuando vives en mí, todas tus acciones ya no son tuyas. Es entonces cuando se convierten en mías. Todo lo que hacemos juntos como uno, dará mucho fruto".

Señor Jesús, nunca me dejes separarme de ti.
Tú eres mi vida y mi salvación.
Eres todo lo que necesito.

ENSEÑARTE TODO

"El Abogado, el Espíritu Santo que el Padre enviará en mi nombre, él os enseñará todo y os recordará todo lo que os he dicho".

JUAN 14:26

Mi preciosa hija, el Espíritu Santo es la sabiduría de Dios. Cuando tengas el Espíritu Santo serás capaz de ver todo claramente a través de los ojos de Dios. Tu conocerás la verdad. Podrás discernir lo que es correcto y lo incorrecto. Él te guiará en la dirección correcta y dirá las palabras correctas en el momento adecuado. Tú serás capaz de amar y sanar como yo lo hice. Así que llama al Espíritu Santo a menudo. Invoca mi nombre y enviaré el Espíritu Santo sobre ti. Él te enseñará todo.

Ven Espíritu Santo, ven. Lléname de tu sabiduría. Instrúyeme en el camino de Dios y muéstrame el camino.

NUNCA TENDRA SED

"El que beba el agua que yo daré, nunca tendrá
sed; El agua que yo daré será en él una fuente
de agua que brota para vida eterna. "

JUAN 4: 14

El agua que te doy es gratis y siempre está ahí para ti, mi preciosa hija. Pero tienes que venir y pedirla. Mi agua refrescará y renovará tu alma. Limpiara todos tus pecados.

Te dará la fuerza y la energía para hacer mi trabajo. Satisfacerá no sólo tus necesidades espirituales sino también todas sus necesidades físicas. Sin mi agua, que es la Palabra de Dios, no tendrás vida en ti. Perecerás. Ven y bebe mi agua todos los días, hija mía.

Señor, tú eres el agua viva.
Dame tu agua para que mi alma
no vuelva a tener sed de ti.

LÁMPARA

> *"La ciudad no tenía necesidad de sol ni luna*
> *para brillar sobre ella, porque la gloria de Dios*
> *la alumbró, y su lámpara era el Cordero."*
>
> APOCALIPSIS 21:23

En mi visión vi una lámpara en forma de una cruz brillante, muy brillante. Cualquiera que toque la cruz se vuelve tan brillante y brillante como la cruz misma. Jesús me dijo: "Mi hija preciosa, todo aquel que viene y me toque tendrá la misma luz que yo tengo. Trae cada alma a mí para que puedan ser iluminados. Quiero ver el mundo entero encendido con mi luz. Todos los que me conocen y me han tocado podrán dar mi luz a todos los que están en tinieblas. Mi luz quitará todas las áreas oscuras del alma. Mi luz te mostrará el camino correcto. Mi luz traerá amor y alegría a tu corazón. Ven y toca mi luz. Sé uno conmigo. Deja que tu luz brille."

> *Gracias, Jesús, por tan hermosa visión.*
> *Que nunca este demasiado cansada*
> *para llevar a otros a tu luz.*
> *Lléname de tu luz.*

EL ABOGADO

> *"Les conviene que yo me vaya, porque*
> *si no me voy, el Paráclito no vendrá a*
> *ustedes. Pero si me voy, se los enviaré. "*
> JUAN 16: 7

Mi hija amorosa, tú tienes Espíritu en ti cuando tu eres bautizada como un niña. Tu crees en mí y has pedido el Espíritu. Todo aquel que pida el Espíritu Santo recibirá todo lo que pida. Es mi deseo que todos sean llenos de mi Espíritu. El Espíritu Santo y yo somos uno, así como mi Padre y yo somos uno. Vendremos y moraremos en ti. Todo lo que necesitas hacer es invitarme a tu corazón. El Paráclito te confortará y te guiará. Él te mostrará el Camino. Él te protegerá de todo daño, porque ya he vencido al maligno. Vine al mundo para vencer la muerte y el pecado. Estás libre, hija mía.

> *Recibe mi Espíritu Santo, el Abogado.*
> *Mi amoroso Jesús, lléname con tu Abogado.*
> *Necesito tu sabiduría y conocimiento.*
> *Necesito tu guía y protección.*
> *Ven Espíritu Santo, ven.*

ESPÍRITU DE VERDAD

"Cuando venga, el Espíritu de verdad,
los guiará a toda la verdad".

JUAN 16:13

Lo contrario de la verdad es la mentira. Yo soy la verdad y mi enemigo, el maligno, es la mentira. Si me sigues, la verdad te hará libre. Si sigues la mentira, te destruirá. No tendrás vida en ti. Vivir en la verdad es como vivir en la luz. Tendrás paz, amor y alegría. Viviendo en la mentira y el engaño, experimentarás agonía, miedo, sufrimiento, depresión y, en última instancia, la muerte. Hija amorosa, llénate de mi Espíritu de verdad. Él te guiará y te conducirá a la vida eterna. Él te dará conocimiento y sabiduría en todo lo que haces. Él te dará el coraje y la libertad de seguirme todos los días.

Gracias, Jesús, por mostrarme
el Espíritu de verdad.
Tú eres mi Señor y mi Dios.
Te amo y te adoro.

CIELO

*"Cuando los bendijo, se separó de
ellos y fue llevado al cielo."*

<small>LUCAS 24:51</small>

A pesar de que estaba dejando a mis discípulos, ellos estaban llenos de alegría porque ellos habían sido testigos no sólo de mi humanidad, sino también de mi naturaleza divina. Ellos sabían que iba a ir a mi Padre. Se regocijaron porque sabían que iba a preparar un lugar para ellos en el cielo. Tú también te regocijarás porque estoy preparando un lugar para ti en mi corazón. Mi corazón es tu cielo. Mi corazón es donde residen la alegría, la paz y el amor. No tengas miedo. Siempre estás en mi corazón. Tú estás protegida de todo daño. El cielo está donde yo estoy. Cuando estás en mi presencia, estás en el cielo. Ven a mí, hija mía.

*Señor Jesús, contigo hay amor,
paz y gozo perfectos.
Quiero estar contigo siempre*

AMARSE UNO AL OTRO

"Este es mi mandamiento:
ámense los unos a los otros,
como yo los he amado."

JUAN 15:12

Mi amorosa hija, no te pedí que amaras a todo el universo. Lo que dije es que se amaran uno al otro como yo los amo. Es más fácil amar a una persona a la vez. Cuando estés con una persona, dale todo tu amor y atención. Se desinteresada. Se paciente. Sé comprensiva y compasiva. Dale a cada persona toda tu atención. No critiques ni des consejos, a menos que te pregunten. La gente tiene hambre de ser escuchada. La gente necesita a alguien que realmente se preocupe por ellos y los ame tal y como son. Sólo tu plena aceptación de sus debilidades e imperfecciones les inspirará a cambiar. Ve y sé mi amor por ellos. Te amo con todo mi corazón.

Yo también te amo, mi Dios y mi Salvador.
Nunca me dejes separarme de tu amor.

LO QUE PIDAS

> *"Amén, en verdad les digo que todo lo que*
> *pidan al Padre en mi nombre, se los dará."*
>
> JUAN 16:23

El Padre y yo somos uno. Tenemos una relación muy cercana y amorosa. Por eso lo que pidas en mi nombre, el Padre te lo dará. No te rechazará nada. Ese es el tipo de relación de amor que deseo de ti. Quiero estar tan cerca de ti que puedes pedirme algo para dártelo. ¿Recuerdas cuando pediste a tu hermano que donara dinero para remodelar una capilla? Tu sabías en tu corazón que él daría lo que le pediste, porque él te ama y él sabe cuánto lo amas. Ese es el tipo de amor y confianza que quiero que experimentes conmigo. Puedes venir a mí y pedirme algo y yo nunca te lo negaré. Puedes contar conmigo y con mi Padre.

> *Señor, tú eres un Dios amoroso y maravilloso.*
> *Quiero confiar en ti y no tener miedo*
> *de venir a ti por cualquier cosa.*

SER SALVADO

"¿Qué debo hacer para salvarme?"

HECHOS 16:30

Todo el que cree en mí será salvo. Parece ser tan simple. Pero es verdad. He venido al mundo para salvar, no para condenar. Es mi deseo, que todos puedan reunirse conmigo en el banquete celestial. Sin embargo, muchos están demasiado ocupados con este mundo y eligen hacer su propia voluntad. Pero tú, mi amada, has elegido creer en mí y hacer mi voluntad. He preparado un lugar especial para ti en el cielo.

Señor Jesús, creo en ti con todo mi
corazón y con toda mi alma.
Aumenta mi fe en ti.
Tú eres el Salvador del mundo.

HABLAR EN LENGUAS

*"Porque ellos podían oírlos hablar
en lenguas y glorificar a Dios."*

Hechos 10:46

Mi hija preciosa, cuando estés llena del Espíritu Santo, serás capaz de hacer las cosas que yo quiero que hagas aunque no las entiendas. El don de lenguas es un ejemplo perfecto de entregarte totalmente a mi voluntad. Cuanto más te entregues a mí, más seré capaz de usarte. Hablar en lenguas es uno de los regalos que doy a aquellos que están dispuestos a confiar en mí y hacer mi voluntad. Cuando hablas en lenguas, estás glorificando a Dios.

*Señor, envía tu Espíritu para que yo sea
llena de tu amor por los demás. Quiero
alabarte y glorificarte en todo lo que hago.*

PODER

"Recibiréis poder cuando el Espíritu Santo
venga sobre vosotros, y seréis testigos
en Jerusalén, en toda Judea y Samaria,
y hasta los confines de la tierra."

Hechos 1: 8

Hija Mía, debes estar abierta para recibir poder de mi Padre. Pide e invita al Espíritu Santo a estar contigo cada día. Necesitas estar llena de su poder y amor cada mañana antes de que estés lista para salir y hacer tu trabajo. Sin el poder del Espíritu Santo no puedes hacer nada que sea agradable a Dios. Sólo por su guía y sabiduría serás tu una verdadera discípula. Él te dará poder con sus dones para que puedas hacer grandes obras para él. Estas obras durarán. Son obras que traerán honor y gloria a Dios Padre. Ve en paz y alegría.

Ven, Espíritu Santo y llena mi corazón
con tu poder amoroso. No puedo hacer
nada sin ti. Contigo todo es posible.

TE HE GLORIFICADO

*"Yo te glorifiqué en la tierra por el cumplimiento
de la obra que me diste a hacer."*

JUAN 17: 4

Cántame una canción nueva todos los días, hija mía. Tus alabanzas nos dan gloria. Deja que tu corazón esté unido con el nuestro. Deja que tus ojos vean el mundo tal como lo vemos nosotros. Deja que tus manos hagan el trabajo que hemos planeado que hagas. Deja que tus pies anden en tierra santa. Donde estamos, allí estarás. Darnos gloria es hacer el trabajo que queremos que se cumpla. No tengas ninguna ansiedad porque estamos contigo. Lograrás todo lo que hemos planeado para ti. Así que no te preocupes. Todo se hará según nuestra voluntad. Solo mantente cerca de nosotros y te guiaremos y apoyaremos en todas tus necesidades.

*Señor, que todos los ángeles y los santos
te glorifiquen. Que todos los ejércitos
celestiales te canten aleluya. Te alabo y te
glorifico, Padre, Hijo y Espíritu Santo.*

MÁS BENDICIÓN

*"Tenga en cuenta las palabras
del Señor Jesús quien dijo:
-Es más dicha dar que recibir".*

HECHOS 20:35

En mi visión vi un río que fluía y que estaba lleno de criaturas y peces vivientes. Mientras que en un lago muerto — como el Mar Muerto — no había nada vivo viviendo en él.

Jesús me dijo: "Mi hija preciosa, cuanto más das, más puedo hacer el milagro de la multiplicación. Serás como el joven que compartió sus cinco panes y dos peces. Justo frente a sus ojos el vio uno de mis milagros. No podía creer que su pequeña cantidad de alimentos pudiera alimentar a 5.000 personas y aún quedan muchas sobras. ¿Ves su rostro radiante de alegría y asombro? Esto es lo que quiero que hagas tú también. Comparte lo poco que tienes con todos los que están en necesidad. Yo te recompensaré abundantemente."

*Dame un corazón generoso, Señor.
Cámbiame y moldearme a tu imagen y
semejanza. Quiero dar y compartir lo que
tengo con otros como ese niño pequeño.*

TU SABES TODO

"Señor, tú lo sabes todo; Sabes que yo te amo.
Jesús le dijo: Apacienta mis ovejas. "

JUAN 21:17

Mi hija amorosa, no hay nada que hagas, digas o pienses que ignore. Te conozco mejor que a cualquiera de los que tu amas. Te conozco desde el vientre de tu madre. Te he oído llorar cuando has sido profundamente herida por otros. Sentí tu sufrimiento y dolor cuando estabas muy enfermo y débil. Yo estaba allí cuando te sentías tan sola y nadie se preocupaba por ti. Te entiendo mejor que nadie en la tierra. ¿Cómo podría no amarte? Te he atendido hasta que has recuperado la salud. Te he salvado de la oscuridad. Te he enseñado todo lo que sabes. Eres mía. Ahora ve y apacienta mis ovejas como lo hizo Pedro. Ven y sígueme.

Señor Jesús, tú eres el amor de mi vida.
Eres mi mejor amigo. Tú eres el centro
de mi vida. Yo te seguiré siempre

UN FUERTE VIENTO

"De repente, vino del cielo un gran
ruido, como un fuerte viento, y llenó
toda la casa en la que estaban".

<small>HECHOS 2: 2</small>

Hija Mía, no he venido a destruir sino a construir. Los huracanes destruyen todo lo que tocan. Mi fuerte viento impulsor, que es el Espíritu Santo, edificará mi iglesia. Fue en ese día de Pentecostés que a mis discípulos se les dio el valor y la fuerza para salir y proclamar las buenas nuevas a todos. Esa fue la mañana en que mis discípulos convirtieron a 3.000 personas. Quiero hacer lo mismo ahora contigo y tu familia. Se paciente, disponible y dispuesta a ser llenada por mi Espíritu. Vendrá como un fuerte viento.

Los invito Jesús y Espíritu Santo a entrar
en toda mi familia. Ustedes son nuestra
esperanza y nuestra salvación.

SÉ SANTA

> *"Sed santos en cada aspecto de vuestra*
> *conducta, porque está escrito: Sed*
> *santos porque yo soy santo."*
>
> 1 Pedro 1: 16

Mi amor, ser santo es hacer cada acción conmigo en mente. Cada acción debe ser amorosa y cuidadosa. Que la compasión y la misericordia sean tu principal conducta. Deje que mi agenda para ti cada día se convierta en tu agenda. Que cada obra que hagas glorifique a mi Padre que está en los cielos. Deja que tu amor y tu perdón brillen. Cuando la gente te vea, me verán. Cuando la gente te pida ayuda o curación, deja lo que estés haciendo y ve a donde ellos. Esto es lo que hice mientras estaba en la tierra. Cada acción que hice consulté con mi Padre primero y luego la realice. Mi meta era conquistar el mal con amor. Quiero que todos se salven. Ve y haz lo mismo.

> *Señor, lléname más de tu amor y*
> *sabiduría. Ayúdame a ser como tú en*
> *todo lo que hago y digo cada día.*

LA COPA

*"La copa que yo bebo, ustedes beberán
y con el bautismo con el cual fui
bautizado, ustedes serán bautizados."*

MARCOS 10:39

La copa que te daré, mi amorosa hija, es mi preciosa sangre. Nunca tendrás que sufrir más de lo que puedes soportar. Mi cuerpo y mi sangre te sostendrán. Te llevaré en mis brazos cuando ya no puedas caminar. Yo te daré la fuerza y el coraje para beber la copa que he planeado para ti.

Así que no tengas ninguna preocupación o ansiedad. Yo estaré contigo siempre, porque tú eres tan preciosa para mí como tus hijos son para ti. Siempre te protegeré de todo daño. Te protegeré bajo mis alas. Confía en mi.

*Aquí estoy, Señor.
Te agradezco por tu precioso cuerpo y
sangre que me sostienen cada día.*

BUENA CONDUCTA

> *"Mantén la buena conducta entre los gentiles, para que, si hablan de vosotros como malignos, observen vuestras buenas obras y glorifiquen a Dios en el día de la visitación."*
>
> I PEDRO 2:12

Siempre devuelve el mal con el bien, hija mía. No tengas rencores contra nadie. Sé misericordiosa y comprensiva. Se cariñosa. Devuelve el odio con actos amorosos. Tus acciones hablan más que las palabras. La verdad te hará libre. Tú no tienes que defenderte cuando seas falsamente acusada. Continúa haciendo el bien. Continúa ayudando a todos los que lo necesitan. Cuando la gente te pida algo, se generosa. Cuando te pidan que ores, pon las manos sobre ellos. Cuando estén enfermos, visítalos y ora por su curación. Cuando tengan hambre, dales de comer. Cuando estén deprimidos, anímalos y dales esperanza. Pero sobre todo, ámalos de la manera que yo te amo. Se mis manos y pies para ellos.

Sí, Señor, haré bien a todos los que pidan mi ayuda, incluso a aquellos que no me aman. Lléname de tu amor por ellos

CREER

> *"Yo os digo, todo lo que pedís en oración,*
> *creed que lo recibiréis y será vuestro"*
>
> MARCOS 11:24

Mi preciosa hija, ¿crees que todo es posible conmigo? He creado todo este universo. ¿Crees que no podré darte lo que me pidas? ¿Crees que te amo? ¿Crees que rechazaré cualquier cosa que me pidieras? ¿Has negado algo que tus hijos o seres queridos te han pedido? ¿Siempre concedes sus deseos? ¿Comprendes ahora por qué cuando pides algo en la oración, será tuyo? ¿Todavía dudas de que te amo? ¿Crees que puedo negarte algo? Recuerda que di mi vida en la cruz por ti. Entregue mi vida por ti. Cree en mí con todo tu corazón, mi pequeña.

Sí, Señor, creo en ti. Ayúdame a
confiar en ti más y más cada día.

TODA LA VERDAD

"Cuando venga, el Espíritu de verdad,
él os guiará a toda la verdad."

JUAN 16:12

Mi Espíritu Santo te enseñará todas las cosas, porque él es la sabiduría de la verdad. Yo te lo envié para iluminar tu mente y para guiarte en el camino recto. Él te revelará la verdad sobre nosotros y sobre el universo. Verán las cosas bajo una luz diferente. Tu comprenderás la verdad y la seguirás. La verdad te hará libre. Tu sentirás tal alegría cuando tu captes la verdad sobre nosotros: mi Padre, el Espíritu Santo y yo somos un solo Dios, pero tres personas diferentes.

Nuestro amor mutuo es más de lo que jamás podrías comprender. Cuando amas a los demás como te amamos, tienes un toque de verdad. Experimentarás tal gozo y paz cuando tengas el Espíritu de verdad. Por lo tanto, pide que el Espíritu Santo entre a tu vida diariamente. Deja que te guíe en todo lo que haces.

Espíritu del Dios vivo, vuelve a
descender sobre mí. Moldéame y
guíame segú tu santa voluntad

GENEROSIDAD

> *"Grande es la generosidad que me*
> *mostraste hoy, cuando el Señor me entregó*
> *a tu alcance y no me mataste."*
>
> 1 Samuel 24:18

Hija mía, ama a tus enemigos. Vierta bendiciones sobre ellos. Sólo de esta manera podrás cambiar sus corazones. El amor sana. El corazón que odia es conquistado con amor. Sé generosa con todos, especialmente con los que necesitan amor. Esas personas carecen de amor porque no han sido amadas. Están buscando el amor en los lugares equivocados.

Sólo yo puedo darles lo que les falta. Así que ve y sé mi amoroso corazón para ellos. Vierte tu amor y compasión sobre ellos. Úngelos con mis bendiciones. Ora por ellos constantemente. Perdónalos por lo que te han hecho. No tengas rencores o resentimiento en contra de ellos. Sólo ámalos con mi corazón bondadoso y misericordioso.

> *Mi Jesús, por favor, dame un corazón generoso*
> *como el tuyo para que yo pueda amar a todos*
> *como tú. Agranda mi corazón, Señor*

JUNIO

CONFIANZA EN DIOS

"Tenemos confianza en Dios, si pedimos algo conforme a su voluntad, él nos oye."

1 JUAN 5:14

En mi visión estaba en formación preparándome para una batalla. Todos los enemigos estaban alineados frente a mí. Cuando levanté la vista, vi a un enorme gigante a mi lado. Al ver al gigante, todos los enemigos huyeron asustados.

Jesús me dijo: "Hija mía, ten confianza en mí. Cuando me tienes a tu lado no tienes nada que temer. Ningún mal te tocará. Puedes seguir adelante conmigo. Yo te protejo y guío en el camino correcto. Tu ganarás una batalla tras otra. Escucho todas tus oraciones. Te respondo aun antes de que hables. No temas, yo estoy contigo en cada paso del camino. Conozco tu futuro y todas tus necesidades. No tienes nada de qué preocuparte. Vive cada día al máximo. Vive conmigo a tu lado.

Señor, contigo no tengo miedo.
Sé que siempre estás ahí
protegiéndome del maligno.
Entrego mi vida en tus manos.

SUPERÁVIT DE RIQUEZA

> *"Porque todos ellos han contribuido*
> *con su excedente de riqueza, pero ella,*
> *de su pobreza, ha contribuido con todo*
> *lo que tenía, todo su sustento."*
>
> MARCOS 12:44

Esta es una lección en no juzgar las acciones ajenas, mi amorosa hija. Esta pobre viuda sólo dio dos monedas pequeñas y, sin embargo, dio más que los ricos que daban grandes sumas. A veces las personas juzgan a los demás demasiado rápido, sin saber su intención y motivo.

Cada persona sólo puede dar lo que tiene. A veces lo que tiene es muy poco. Pero conozco el corazón de cada persona y de dónde viene. Por lo tanto, sólo yo puedo ser un juez justo para todos. Aprende de esta historia y se generosa en tu donación, no solo des de tu excedente, sino también da tu corazón. Cuando tu das de corazón, tu das con amor. Y sólo por dar de esta manera serás recompensado por mi Padre.

> *Señor Jesús, dame un corazón generoso y amoroso.*
> *Ayúdame a ser más y más como tú, cada día.*
> *Ayúdame a no juzgar a otra persona.*

ARROGANTE

> *"Tengan el mismo respeto el uno al otro;*
> *No seas altivo, sino asociado con los humildes;*
> *No seas sabio en tu propia estimación. "*
>
> ROMANOS 12:16

Hija mía, todo el mundo es precioso para mí. Por eso es necesario tratar a cada uno con amor y respeto. No sientas que eres mejor que otros porque he dado a cada uno talento y regalos diferentes.

Cada uno es único. Así que no te sientas mejor y más inteligente que los demás. María, mi madre, me llevaba en su vientre y, sin embargo, se apresuró a ayudar a su prima Isabel. Ella no actuó como si fuera mejor que Elizabeth, que llevaba a Juan en su vientre.

Mi madre se regocijó con ella y la consoló. Incluso lavó y cocinó para Elizabeth mientras estuvo allí durante 3 meses. Ella hizo todas las tareas domésticas como una sirviente y ayudó a su prima durante esos meses difíciles. Imita a mi madre. Realiza cada trabajo que haces para el honor y la gloria de Dios.

> *María, mi madre, ruega por mí para que*
> *sea como tú en servir a los demás. Señor,*
> *dame un corazón humilde y amoroso.*

TIERRA NUEVA

"Pero según su promesa esperamos nuevos cielos
y una tierra nueva en la que mora la justicia."

2 PEDRO 3:13

En los nuevos cielos y en la nueva tierra no habrá más lágrimas ni sufrimiento. Sólo aquellos cuyo corazón es como el mío estarán en el cielo. Todos serán amorosos, cariñosos y compasivos. Todos se ocuparán de las necesidades del otro. Será felicidad total y alegría porque el amor es alegría. Mi amorosa hija, ¿has visto a una pareja recién casada en su luna de miel? ¡Qué alegría! ¡Qué dicha! Así es cuando entras en los nuevos cielos y la nueva tierra. Tú encontrarás la armonía perfecta y el amor perfecto. Serás mimada y amada por todos, especialmente por mí, mi Padre y el Espíritu Santo.

Lléveme allí, Señor.
Estoy lista para estar contigo por la eternidad.
Apenas puedo esperar el día para ver
los nuevos cielos y la nueva tierra.

TODO TU CORAZÓN

"Amarás al Señor tu Dios con todo tu corazón, con toda tu alma, con toda tu mente y con todas tus fuerzas".

Marcos 12:30

Mi querida hija, tu amor por mí crecerá. Como un bebé, primero encuentra su propia mano y luego la admira y la examina. La pone mano en su boca, la prueba y lame. El bebé no hace nada por los demás hasta que crece y madura. Como niño de dos años, solo piensa en sí mismo: yo, yo mismo y yo. Muchas personas están atrapadas en esta etapa. Hasta que las personas aprendan a sacrificarse por los demás, no madurarán y se convertirán en personas amorosas y afectuosas. Tú sigue progresando cada día hacia la perfección en el amor. Piensa más y más en los demás que en ti misma. Pon las necesidades de los otros por encima de tus propias necesidades. Solo entonces podrás amar a los demás tanto como yo te he amado.

Señor Jesús, necesito más de tu amor y bondad. Cambia mi corazón egoísta por un corazón generoso y amoroso como el tuyo.

TODA ESCRITURA

> *"Toda la Escritura es inspirada por Dios y*
> *útil para la enseñanza, para la refutación,*
> *para la corrección y para la instrucción en la*
> *justicia, para que el que pertenezca a Dios sea*
> *competente, preparado para toda buena obra."*
>
> 2 Timoteo 3: 16-17

En mi visión vi un cofre lleno de perlas, monedas de oro y joyas hermosas. Jesús me dijo: "Mi hija preciosa, la Escritura es como un cofre del tesoro. Todo lo que contiene es precioso e invaluable. Mis palabras tienen poder y no volverán vacías.

He creado el universo entero a través de mis palabras. Mis palabras pueden sanar y destruir. Cuando maldije la higuera sus raíces fueron destruidas. Nadie comió un higo de ese árbol otra vez. Cuando bendigo, mis bendiciones se transmiten a miles de generaciones. Así que estudia la escritura todos los días. Atesora cada palabra que leas porque realmente son mis palabras para ti. Te guiarán en todo lo que hagas. Tú y toda tu familia serán bendecidos cuando lean mi escritura. "

> *Señor, tu palabra es una lámpara a mis pies y*
> *una luz para mi camino. Gracias, Señor, por*
> *darme tu Escritura. La atesoro más que el oro.*

SIETE VECES

*"Porque el Señor siempre paga, y
él te devolverá siete veces".*

Sirácide 35:11

En mi visión vi a una persona que cantaba dentro de una cueva. El eco de su voz volvió a él muchas veces. Jesús me dijo: "Hija mía, por cada pequeña cosa que hagas por los demás, mi Padre celestial te recompensará siete veces más. Por cada regalo que das a los demás, más se te devolverá. Es como una pequeña piedra lanzada al agua que causa el efecto de la ondulación. Así es que toda bondad, paciencia y generosidad que hayas mostrado a otros tendrá el mismo resultado.

Mi Padre ve cada buena acción que haces por los demás. No dejes pasar un día sin ser amable y generosa con todos los que lo necesitan. Él te pagará en el cielo."

*Señor, aumente mi esfuerzo para
ayudar a otros en necesidad.
Amplía mi corazón y ayúdame
a ser más y más como tú.*

LIMPIO DE CORAZÓN

"Bienaventurados los limpios de corazón,
porque ellos verán a Dios."

MATEO 5: 8

Mi hija amorosa, una persona con corazón limpio es aquella que ama sin cesar, una que no tiene pensamientos malos en su corazón. Ella es una persona que ama hasta que duele, con un corazón lleno de compasión y misericordia. Un corazón transparente es uno sin manchas, un corazón que permanece firme en la verdad y en Dios. Un corazón limpio es aquel que es capaz de amar y de perdonar. Imita mi corazón y el corazón de mi madre. Ve cómo nuestros corazones están llenos de sangre roja — llenos de amor y compasión por todos. Nuestros corazones estaban heridos, pero eso no nos impidió amar y dar. Como mi sangre fluye de mi lado, también lo hace mi amor por ti. Sólo un corazón limpio verá el rostro de Dios.

Oh Jesús, ten misericordia de mí.
Por favor, dame más de tu amor para poder
amar a los demás como tú me amas.

CONTIGO

"Yo estoy con vosotros todos los días, hasta el fin del mundo".

MATEO 28:20

No estoy solo contigo, sino también en ti, hija mía. Vivo en tu corazón. Eres mía. Siempre estaré ahí para tí. Llámame a menudo y pide mi ayuda en todo lo que haces. Estoy más cerca de ti que cualquier persona en la tierra. Conozco cada pensamiento que está en tu mente. Conozco todos sus deseos y frustraciones. Sé cuándo estás feliz y triste. Siempre estoy a tu lado, te consuelo, te guío y te amo. ¿Puedes sentir mi presencia en ti?

Gracias, Señor, por estar siempre allí para mí. Jesús, sé que nunca me dejarás ni me desampararás. Te amo, Jesús, y confío en ti.

EL MÁS GRANDE

"El que obedezca y enseñare estos mandamientos
será llamado mayor en el reino de los cielos."

MATEO 5:19

En mi visión vi un juguete que solía fabricar cuando estaba creciendo. Era un juguete hecho de un carrete de hilo. Tallábamos un diseño en zigzag en cada extremo de la bobina y agregábamos un pequeño clavo en un extremo. Pasábamos una banda de goma a través del agujero en un palo. Sin la talla el carrete habría sido demasiado liso y no podría haber subido ningún libro u otros objetos. Con la talla, podía escalar e ir a lugares.

Jesús me dijo: "Así es con mis mandamientos. Sin obedecer mis mandamientos, es imposible entrar en mi reino. Amarme es seguir mis mandamientos. Sin los mandamientos tallados en tu corazón, es imposible ser santo e irreprensible. Podrás entrar en mi reino con amor. El amor y los mandamientos van de la mano. El amor sin los mandamientos es como un gong vacío. El amor por los demás es de lo que mi reino se trata.

Sólo hay dos mandamientos: ama a Dios con todo tu corazón, tu mente, tu alma y tu fuerza. El segundo mandamiento es amar a tu prójimo como a ti mismo. Ve y enseña a otros acerca de mi amor y mis mandamientos."

Amado Jesús, obedecer tus mandamientos
es mi deleite. Ayúdame a compartir
tu amor con los demás.

ENOJADO

"Quien se enoje con su hermano
será sujeto a juicio."

MATEO 5:22

Mi preciosa niña, sígueme. Yo nunca estaba enojado con la gente, incluso cuando me estaban persiguiendo. Amo a todos. Yo condené su comportamiento, pero nunca me enojé con ellos personalmente. Estaba enojado cuando vi lo que los mercaderes habían hecho a la casa de mi Padre. Expulsé a los cambistas del templo porque no quería que convirtieran la casa de mi Padre en un mercado. Siempre odié el pecado y no al pecador.

La ira sólo arruinará tu propia salud. Ira que no perdona se convertirá en resentimiento. La ira en tu cuerpo será tan dañina como el cáncer. Tienes que lidiar con tu ira de inmediato. No dejes que el sol se ponga sobre tu ira. Pídeme que te quite todo lo que te está haciendo daño. De lo contrario arruinará tu salud y tu vida. Déjame curar tu ira.

Señor, he perdonado a todos los que me han
lastimado en el pasado. Me niego a mantener
cólera contra nadie. Quiero amar como tú.

SU CORAZÓN

"Su madre guardó todas estas cosas en su corazón."

LUCAS 2:51

Mi madre y yo solo hacemos lo que mi Padre nos dice que hagamos. Estamos unidos en mente y en corazón. Vivimos cada día para el honor y la gloria de mi Padre. Oramos, escuchamos y hacemos su Voluntad. Mi madre y yo tenemos un solo propósito en mente, que es hacer lo que el Espíritu Santo nos dice que hagamos. Amamos a cada uno de ustedes con todo nuestro corazón.

Queremos que cada uno de ustedes sea uno con nosotros en el cielo por la eternidad. Siempre estamos a su lado cuando nos necesiten. Les ayudaremos a convertir las tareas de cada día en milagros alegres. Llámennos a menudo. Les responderemos y les ayudaremos. Pueden contar con nosotros.

Amado Jesús, te doy mi corazón.
Amplía mi corazón, oh Señor.

SAL

> *"Tú eres la sal de la tierra. Pero si la*
> *sal pierde su sabor, ¿con qué se puede*
> *sazonar? Ya no es buena para nada sino*
> *para ser echada afuera y pisoteada. "*
>
> MATEO 5:13

La sal es un bien precioso. Valió tanto como el oro en los tiempos antiguos porque conserva los alimentos, mejora el sabor y mata los gérmenes.

Como el don del Espíritu Santo, cura, restaura y trae amor, paz y alegría a los demás. Mi preciosa niña, se te dieron muchos regalos del Espíritu Santo en tu bautismo. Ve y sé la sal de la tierra para los demás. Tu misión es preservar cada alma, mejorar su vida espiritual y liberarlos del maligno.

> *Señor, aquí estoy, lista para hacer tu*
> *voluntad. Lléname con tu Espíritu Santo.*

MI OVEJA PERDIDA

"Alegraos conmigo porque he
encontrado mi oveja perdida."

LUCAS 15: 6

Ve cuán alegres estamos en el cielo cuando un pecador se arrepiente y es traído nuevamente al camino recto. Hija mía, ve a buscarme la oveja perdida. Están perdidos. Se han alejado de mí sin saberlo. Por favor, ve a traerlos de vuelta. Ayúdalos a encontrar el camino correcto. Cárgalos en tu hombro y llévalos a mí. Habrá un gran regocijo y celebración por cada alma que traigas al redil.

Ahora eres mis manos y mis pies. Tú eres mi corazón para amar a todos aquellos que están heridos y ciegos a mi amor. Tú eres mi boca para contar mi historia de amor a todos los que conozcas. ¿Vas a encontrar mi oveja perdida? ¿Vas a traerla de vuelta a mí?

Sí, Señor, iré y encontraré la oveja perdida y la
traeré a ti. Quiero llevarle la Buena Noticia.

LOS PECADOS SON PERDONADOS

> *"Entonces Jesús le dijo a la mujer:*
> *'Tus pecados son perdonados.'"*
>
> LUCAS 7:48

Mi hija amorosa, sé cómo te sientes cada vez que te das cuenta de que has pecado. Es a través del arrepentimiento que te acercas más a mí. A través del perdón sabrás cuánto te amo. He pagado por todos tus pecados con mi sufrimiento y los he clavado en mi cruz. Nada puede separarnos ahora. Todo lo que necesitas hacer es venir a mí y pedir perdón como esa mujer que lavó mis pies con sus lágrimas y los secó con su cabello. Su gran amor por mí la curó. Mi sangre preciosa te limpio. Ya no eres pecadora, sino inmaculada ante mis ojos. Has sido redimida y perdonada por mí. Ahora ve y haz lo mismo con los demás. Hazles saber que no tienes nada contra ellos. Muéstrales un gran amor y comprensión como yo lo he hecho por ti.

> *Señor, por favor perdóname por todas las*
> *veces que he pecado contra ti. Límpiame*
> *y ayúdame a no volver a pecar.*

COSECHA ABUNDANTE.

"El que siembra escasamente, también segará escasamente, y el que siembra abundantemente también segará abundantemente."

2 Corintios 9: 6

Hija mía, todo lo que hagas tendrá consecuencias. Cuando tú das abundantemente a otros, ellos te devolverán lo mismo. Aun si no retribuyen tu bondad, tu Padre celestial te pagará cien veces más. Así que abre tu corazón y da generosamente a todos los que te pidan. No sólo dinero, sino también tu tiempo y tus talentos. Da con un corazón alegre. Lo que hagas con el menor de tus hermanos, lo haces conmigo.

Padre amoroso, te agradezco todo lo que me has dado, tu abundante gracia y perdón. Ayúdame a dar generosamente a todos los que me pidan.

SIN RESISTENCIA

"Pero yo os digo que no ofrezcáis
resistencia a quien es malo".

MATEO 5:39

La caridad o ágape es amar no como seres humanos, sino como Dios ama. La verdadera caridad es cuando ponemos por delante las necesidades de los demás antes que las nuestras. Amamos a todos a pesar de que la persona no sea amable y este llena de pecado. El amor derrite todo odio y pecaminosidad. El amor produce cambio en otra persona. El amor puede mover montañas. Aprende de mí, hija mía. Cuando me crucificaron en la cruz, ¿me resistí? Cuando me quitaron la ropa, ¿me quejé? No, lo di todo para salvarte. Como resultado de esto, el corazón de la gente se volvió del mal al bien, del odio al amor. ¡Haz lo mismo!

Señor, quita mi miedo al sufrimiento.
Dame el coraje de seguir tus pasos.
Ayúdame a llevar mi cruz diariamente
y aumenta mi amor por los demás.

HABITACIÓN INTERIOR

*"Pero cuando ores, ve a tu habitación interior,
cierra la puerta y ora a tu Padre en secreto."*

MATEO 6: 6

Cuando ores, visualízame de pie frente a ti o junto a ti. Háblame como si yo fuera tu mejor amigo. Vierte todo tu corazón en mí y dime cómo te sientes.

A menos que compartas tus deseos íntimos conmigo, seguimos siendo sólo amigos ocasionales. La verdadera amistad te permite desnudar tu alma con otra. No tengas miedo de decirme tus verdaderos sentimientos. Lo entenderé. Sé todo lo que estás pasando. Abre tu mente y tu corazón a mí. Siempre estoy esperando tu invitación. No tengas miedo de invitarme a tu corazón. Sólo entonces podremos amar a los demás como yo los amo. Recibe mi Espíritu Santo.

*Gracias, mi querido amigo y mi Salvador.
Padre Dios, quiero invitarte a
venir y morar en mí.
¡Espíritu Santo, por favor ven!*

ELISEO

"Entonces Eliseo, lleno de la doble porción de su espíritu, realizó muchas maravillas con su sola palabra."

Sirach 48:12

Mi preciosa hija, escogí a Eliseo para que continuara las obras de Elías porque era un siervo fiel. Dejó su agricultura y su familia para seguir los pasos de Elías. Era un hombre muy humilde. No creía que pudiera hacer la mitad de las cosas que Elías hizo. Esa fue la razón por la que pidió una doble porción. Se dio cuenta de que necesitaba toda la ayuda que pudiera conseguir. Su manera era muy suave y tierna, no tan vistosa como la de Elías.

Quien está dispuesto a servirme recibirá todos los dones necesarios del Espíritu Santo. ¿Serás mi discípula y mi sierva? Siempre estaré ahí para ti. Yo te llenaré de mi Espíritu Santo. Podrás hacer maravillas y milagros con mi ayuda.

Gracias, Señor, por elegirme para ser tu discípula y sierva. Sin ti no puedo hacer nada. Lléname de la doble porción de tu Espíritu.

TU OJO

"La lámpara del cuerpo es el ojo. Si tu ojo es sano,
todo tu cuerpo estará lleno de luz; Pero si tu ojo
es malo, todo tu cuerpo estará en tinieblas. "

Mateo 6: 22-23

El mundo espiritual es tan real como este mundo terrenal. Tus ojos ven todas las cosas tangibles que te rodean. Pero hay un tesoro escondido en el mundo invisible. El mundo espiritual sólo puede ser visto por aquellos que están llenos de mi Espíritu. Cuando estés llena del Espíritu Santo verás lo que es realmente importante y lo que no lo es. El mundo espiritual está lleno de ángeles y santos. Sólo hay amor en sus corazones.

Cuando tus ojos estén llenos de mi luz, serás capaz de ver el amor a tu alrededor. Podrás ver la bondad, la amabilidad, la misericordia y la compasión. Todo tu cuerpo se transformará cuando estés llena del Espíritu Santo. Abre los ojos y mira lo que yo veo.

Señor, quiero ver a los demás como tu los ves.
Lléname de tu luz.

MAÑANA

> *"No te preocupes por mañana; mañana*
> *se hará cargo de sí mismo. Suficiente*
> *por un día es su propio mal. "*
>
> MATEO 6:34

Mi preciosa hija, vive cada día como si fuera tu último día en la tierra, porque yo estoy siempre en el presente, nunca en el pasado o en el futuro. Estoy contigo hoy y todos los días. Yo estaré contigo siempre. Vive cada día al máximo. No te preocupes por el mañana. Sabes que todo lo que te preocupa puede que nunca suceda.

Es un desperdicio de tu energía y tiempo. Sólo lo que haces cada día por mi honor y gloria cuenta. Todos los demás motivos son inútiles. Vive cada día construyendo mi reino. Vive cada día con amor y misericordia para todos. Vive cada día glorificando a mi Padre y complaciéndome. El Espíritu Santo estará contigo cada día para fortalecerte y guiarte.

> *Yo soy tuya, oh Señor.*
> *Ayúdame a vivir cada momento*
> *para tu honor y gloria*

DESCENDIENTE DE ABRAHAM

"Y si eres de Cristo, eres descendiente de Abraham, herederos según la promesa."

GÁLATAS 3:29

Hija mía, eres descendiente de Adán y Eva. Es por eso que todos están relacionados. Cada persona en el mundo es tu hermano y tu hermana. Cuando fuiste bautizada, te convertiste en parte de mi familia. Has heredado todos mis parientes y antepasados. Tú eres parte de una familia real, de la línea del rey David que era un descendiente de Abraham. Si solo te das cuenta de quién eres en realidad, tratarás a todos de manera muy diferente. Amarás a cada persona como a tu propio pariente. Los valorarás como a tu propia familia. Los amarás como tu propia carne y sangre. Ahora ve y ama a cada uno como yo te he amado.

¡Guauu! Dios Padre, me has revelado un cuadro más amplio de mi línea familiar. Qué visión. Ayúdame a amar a todos como a mi hermana y hermano.

PUERTA ESTRECHA

*"Entre por la puerta estrecha; Porque
la puerta es ancha y el camino ancho
que conduce a la destrucción, y los que
entran por ella son muchos. "*

MATEO 7:13

Los que tienen una vida fácil por lo general no me necesitan. A menudo se olvidan de mí. Pero los que pasan por la puerta estrecha me llaman a menudo porque son totalmente dependientes de mí. No se perderán, sino que vivirán una vida abundante. Pasarán una eternidad conmigo en el cielo porque viven cada día dependiendo totalmente de mí. Su recompensa será grande. Así que elige la puerta estrecha y camina conmigo siempre. Lleva tu cruz todos los días, ven y sígueme.

*Jesús, tú eres la puerta del cielo.
Te seguiré a dondequiera que me guíes.*

MARAVILLOSAMENTE HECHO

"Te doy gracias por haberme hecho increíblemente, maravillosamente."

SALMO 139: 14

En mi visión vi todos los diferentes tipos de piezas de un rompecabezas juntas para formar una imagen de Jesús. Jesús me dijo: "Te amo con amor eterno. Cuando te creé, tuve un propósito para tu vida en este mundo, un trabajo que tú solo puedes hacer para que mi reino se haga realidad. Cada alma es como una pieza del rompecabezas. Cada persona está especialmente diseñada para encajar en mi reino. Como una pieza del rompecabezas en tu visión, cada pieza es importante para formar el cuadro completo. Eres una parte importante de mi creación. Tú has sido verdaderamente hecha a mi imagen y semejanza."

Padre Dios, te alabo por haberme creado.
Quiero amarte y servirte siempre.

PARA DE JUZGAR

> *"Deja de juzgar, para que no seas juzgado.*
> *Porque como tú juzgas, así serás juzgado. "*
>
> Mateo 7: 1

Mi hija preciosa, cada vez que juzgas a los demás debes darte cuenta de que es porque no eres perfecta. De hecho, tú tienes los mismos defectos y debilidades que la persona a la que estás apuntando con el dedo. Una persona orgullosa puede detectar a otra persona con orgullo. Una persona habladora no puede soportar a otra persona que le gusta hablar constantemente. Una persona egoísta no quiere estar cerca de otra persona egocéntrica. La lista continua. Por lo tanto, cuando veas una debilidad en otro, enseguida trata de mejorar en esa área. Pídeme que te ayude y que te veas a ti misma como los demás te ven. Aprende de mí. Yo no vine a este mundo para juzgar y condenar, sino para salvar. Haz lo mismo.

> *Señor, ten misericordia de mí. Cristo,*
> *por favor perdóname por todas las veces*
> *que he juzgado a los demás. Ayúdame a*
> *ser más compasiva y comprensiva.*

TUS PERLAS

> *"No den las cosas sagradas a los perros,*
> *ni arrojen sus perlas a los cerdos, no sea*
> *que las pisoteen y después se vuelvan*
> *contra ustedes para destrozarlos"*
>
> Mateo 7: 6

Comparte tus perlas sólo con aquellos que están abiertos a recibirme. Esos son los que están listos para aceptar mis palabras de sabiduría. Los perros y los cerdos son los que vienen a destruir. No tienen intención de convertirse. No apreciarán lo que tu tienes para ofrecerles. Sus corazones están endurecidos por el pecado. No pueden ver la verdad o cambiar sus costumbres.

Da tus perlas a los que vienen pedirte ayuda. Sólo entonces apreciarán realmente tus perlas de sabiduría. Sólo entonces aprenderán de ti y tratarán de ser santos.

Da tus perlas a los que están dispuestos a recibirme en sus corazones. Una vez que me han encontrado, estarán listos para vender todo lo que poseen para conseguir la perla que les daré. ¿Estás lista para entregarme tu vida?

Señor Jesús, tú eres la perla que atesoro. No hay
nadie como tú. Quiero entregarte mi vida.

Junio 27

"Extendió su mano, lo tocó y dijo:
'Lo haré. Sé limpio. '"

MATEO 8: 3

Mi hija amorosa, te voy a limpiar. Yo lavaré todos tus pecados pasados con mi agua viva. Ya he pagado el precio para sanarte en la cruz. Eres mía. Quiero prepararte para entrar en mi reino. Cambia tu vida. En lugar de enfrentarte al mundo, enfréntate a mí. En lugar de hacer las cosas a tu manera, haz mi voluntad.

En lugar de ver fallas en todo el mundo y a tu alrededor, ve cómo te he perdonado. Haz lo mismo con los demás como lo he hecho por ti. Cuanto más te toque mi amor y misericordia, más serás capaz de amar a los demás como yo te he amado.

Que haya regocijo en todo lo que haces. De ahora en adelante, trata de hacer todo de acuerdo a mi voluntad, así traerás gran alegría y honor a mi Padre. Queda limpiada .

Señor, toca mi corazón para que yo sea
sanada. Sáname y seré sanada.

FALSOS PROFETAS

"Guardaos de los falsos profetas, que
vienen a vosotros vestidos de ovejas,
pero por debajo son lobos voraces."

MATEO 7:15

Muchas personas en este mundo están siguiendo falsos profetas. Ellos no saben la verdad. Son como ovejas perdidas siguiendo a un falso profeta vestido con piel de oveja. Los falsos profetas conducen a otros hacia la muerte y la destrucción. Que no te engañen. Tu reconocerás a los profetas que son enviados por mi Padre. Ellos dan buen fruto. Viven sacrificando su propia voluntad para hacer la voluntad de mi Padre. Ellos dan vida y esperanza a todos los que encuentran. No vienen a destruir, sino a edificar mi reino. Ellos infunden coraje en lugar de miedo. Ellos aman en vez de odiar. Ellos siguen todos mis mandamientos y hacen lo que les pido que hagan.

Jesús, guíame a los profetas rectos.
Dame la sabiduría y el conocimiento
para seguirte sólo a ti.

NUESTRAS ENFERMEDADES

> *"Él quitó nuestras dolencias, y llevó nuestras enfermedades."*
>
> MATEO 8:17

Mi hija preciosa, a los padres no les gusta ver a sus hijos sufrir enfermedades. Así que, no tengas miedo de pedirme que cure todas tus dolencias y enfermedades. Vine a este mundo para mostrarte que tengo poder para sanar.

Tú, siendo mi hija, tienes el mismo poder de salir y sanar a la gente en mi nombre. No tengas miedo de poner las manos sobre las personas y pedirme que las cure. Siempre que me tengas a tu lado, escucharé tu oración. Todo lo que necesitas hacer es tener fe en mí. Cuando una persona no sea curada, tal vez no es tiempo todavía. Tal vez hay muchos problemas que la persona necesita resolver antes de que pueda ser curada. Así que no tengas miedo de orar por curación. Yo soy el sanador y el redentor.

Mi Dios y mi Señor, Tú eres verdaderamente nuestro sanador y nuestro redentor. En ti confío.

LIBERTAD

"Porque se os llama a la libertad. Pero no uséis esta libertad como una oportunidad para la carne; Más bien, sirvan unos a otros por amor".

En mi visión me vi tirando de un buey en un campo fangoso. Yo estaba atada al buey. Fue un trabajo muy duro. Entonces vi un camino lleno de luz. Jesús llevaba una cruz. Fui a ayudarlo. Parecía tan fácil y ligero. Jesús me dijo: "Mi preciosa hija, eres liberada de tu pasado y de tus apegos terrenales. *Tu eres* libre para seguirme. Mira cómo mi yugo es fácil y mi carga ligera.

Cuando me sigas, estarás caminando en la luz. Puedes ver a dónde vas. No es sufrimiento, sino alegría. Pero cuando estás atada a tus propios deseos, serás arrastrada hacia abajo y tu carga será pesada. Estarás caminando en el barro. Elíjeme. Elige el amor por encima de todo y serás puesta en libertad."

Gracias, Jesús, por mostrarme el camino.
Llévame al camino correcto

JULIO

GRAN CALMA

*"Entonces se levantó, reprendió los vientos
y el mar, y hubo una gran calma."*

MATEO 8:26

Sí, mi preciosa hija Soy el Salvador del mundo. Por mis palabras el universo entero fue creado. Todo lo que necesito hacer es decir la palabra. Hay poder en mi palabra y tus palabras pueden ser igual de poderosas. Así que ten cuidado con lo que dices. Cada palabra que tú dices puede tener gran impacto en todo el mundo a su alrededor.

Tus palabras pueden traer calma o caos. Tus palabras pueden traer alegría y esperanza a otros, o herir y dañar a sus almas. Tus palabras pueden construir o destruir a otros. Habla mis palabras cuando tengas problemas. Llámame y restauraré la paz y la calma a tu alrededor. No tengan miedo. Estén quietos y sepan que yo soy Dios.

*Señor, tú eres verdaderamente el Dios
Todopoderoso. Eres el creador de todo el universo.
Hasta los vientos y los mares te obedecen.
Estoy asombrado de tu poder y gloria.*

BOCA DEL LEÓN

"Fui rescatado de la boca del león. El Señor
me librará de toda mala amenaza y me
llevará a salvo a su reino celestial. "

2 TIMOTEO 4: 17-18

¿Sabes, hija mía, que siempre estás protegido por tu
ángel de la guarda? Cuando estés haciendo mi trabajo
habrá ángeles que te rodean y te protegerá de todo daño.
Mi hijo amoroso, no tengas miedo ni te preocupes por
nada. Tú me tienes a tu lado siempre. Donde quiera que
esté, seguirá una legión de ángeles. Están allí para vigilar
que cada dardo maligno venga a su manera. Pueden ver
el mundo espiritual tan claro como el día. Ellos evitarán
todo lo que no es de Dios. Ellos le ayudarán a superar
todas las dificultades y peligros. Siempre estarán a tu
lado. Llama a tu ángel de la guarda con frecuencia siempre que necesites protección.

Gracias mi ángel de la guarda por
estar siempre allí para mí.
Estoy agradecida por tu amor y protección

AUTORIDAD

"Cuando las multitudes vieron esto, fueron impresionados con temor y glorificaron a Dios que había dado tal autoridad a los seres humanos."

MATEO 9: 8

Mi querida hija, los pecados paralizan a la gente como el paralítico. Los pecados más comunes son la pereza, la falta de perdón, los celos y el orgullo. Pero he venido para liberarte de tus pecados, libre para amar y servirme. Tengo autoridad para expulsar todo lo que te estropea. Tengo autoridad sobre el mal que te impide vivir una vida abundante, una vida llena de alegría y de servicio a los demás; Una vida significativa que da vida; una vida llena de mi propósito para ti.

El paralítico no puede hacer nada por los demás. Está tan consumido por su propio dolor y sufrimiento que no puede salir y amar a los demás. Lo dejé en libertad delante de la multitud. Y puedo hacer lo mismo por ti, hija mía.

Todas las alabanzas y gloria sean tuyas, mi Rey y mi Salvador. Gracias por liberarme.

YO DESEO MISERICORDIA

"Ve y aprende el significado de las palabras:
"Yo quiero misericordia, no sacrificio."
"Yo no vine a llamar justos sino pecadores."
MATEO 9:13

La misericordia proviene de tu corazón. Sacrificio viene de tu cabeza. La misericordia está llena de amor, mientras que el sacrificio es auto-redención. La misericordia se centra en los sentimientos y necesidades de otra persona. El sacrificio se centra en el propio pecado. Siempre es mucho mejor amar que decir "lo siento".

El amor lava todo egoísmo y egocentrismo. El amor cura y reconstruye; El sacrificio quema los pecados. El amor y la misericordia van de la mano. Vine al mundo para mostrarles cómo amar y tener misericordia para todos, especialmente para los pecadores.

Ten compasión en tu corazón. La misericordia seguirá. Imita en todo lo que haces. Para cada acto amoroso y misericordioso que hagas, serás muy recompensado en el cielo. Sé misericordiosa como mi Padre es misericordioso.

Gracias, Jesús, por mostrarme cómo ser
misericordioso con todos los que lo necesitan.
Enséñame a amarlos con compasión.

HOGAR DE DIOS

> *"Ya no sois extranjeros ni peregrinos, sino*
> *que sois conciudadanos de los santos y*
> *miembros de la casa de Dios, edificados sobre*
> *el fundamento de los apóstoles y profetas,*
> *con Cristo Jesús como piedra angular."*
>
> EFESIOS 2:19

Amada, tú eres mi hija preciosa. Te he elegido para ser parte de mi familia. Mi Padre es tu Padre también. Mi madre María es tu madre. Mis discípulos son todos hermanos y hermanas. Ellos oran por ti constantemente. Estás protegido por los ángeles y tienes autoridad para hacer las cosas que hice. Tú eres llamada y tienes una tarea que hacer, al igual que cualquier miembro de una familia. Siempre eres bienvenida a nuestra casa. Tú no necesitas una invitación. Mi reino es tu hogar donde eres amada y fortalecida. Tú puedes ser tú mismo. Nosotros los hemos amado a todos desde el día en que fueron creados en el vientre de su madre.

Jesús, mi hermano y mi mejor amigo, te amo más que a nadie en la tierra. Gracias por hacerme parte de tu santa familia.

PISAR LAS SERPIENTES

"He aquí, yo os he dado el poder de pisar serpientes y escorpiones, y sobre toda la fuerza del enemigo, y nada os dañará."

LUCAS 10:19

En mi visión vi a una persona golpeando bichos bajo sus pies y matándolos. Jesús me dijo: "Si una persona está petrificada por el miedo, no puede mover sus pies y los insectos empezarán a treparse por sus piernas y atacarlo. Es el miedo que perjudica a la gente. No tengas miedo porque sabes que yo estoy contigo siempre. Conquistar todo mal invocando mi nombre. Mi nombre tiene poder y ningún mal puede acercarse a ti cuando hablas mi nombre. Es tu arma espiritual. Úsalo con frecuencia para evitar todo mal. Es por eso que la oración del Padre Nuestro es tan poderosa. Oren, oren y oren."

Gloria al Padre, al Hijo y al Espíritu Santo. En el nombre de Jesús rezo.

ESPOSO DE TI

"Yo te abrazaré para siempre: te abrazaré en justicia y en justicia, en amor y en misericordia; Yo te abrazaré en fidelidad, y conocerás al Señor. "

Oseas 2: 21-22

En mi visión vi dos anillos de oro. Estaban unidos entre sí, inseparables y siempre juntos. Jesús me dijo: "Mi preciosa querida, el día en que fuiste bautizada ese fue el día que te escogí para ser mi esposa. Eres la niña de mis ojos. Tú eres mi amada y mi amor. A partir de ese día, tú fuiste mía. Estoy contigo cada momento del día. Donde quiera que estés, allí estaré. Siempre estaremos juntos por la eternidad porque tú eres preciosa para mí. Yo te he creado a mi imagen y semejanza. Te he creado con una personalidad y carácter que es única en tu clase. Tú eres única. No hay nadie en la tierra que pueda reemplazarte. Ven, mi amor, ven a mis abrazos.

Te amo, Señor.
Mi corazón canta de alegría
cuando estoy en tus abrazos.
Eres todo lo que quiero y necesito.

TRABAJADORES

"La cosecha es abundante, pero los obreros
son pocos; Así pide al dueño de la mies
que envíe obreros para su cosecha. "

MATEO 9: 37-38

En mi visión vi un campo de grano listo para ser cortado. Al principio vi a una persona con una larga hoja balanceándose y cortando el grano. Era un trabajo muy lento y tedioso. Pero entonces vi a una persona sentada en una máquina de corte que parecía tan fácil y sin esfuerzo.

Jesús me dijo: "Cuando tienes el Espíritu Santo contigo, eres como la persona sentada en una máquina.

Tu trabajo será fácil porque mi yugo es fácil y mi carga ligera. Invoca siempre al Espíritu Santo para que te ayude antes de comenzar cualquier trabajo. Te ayudará en más formas de las que puedas imaginar. Gracias por decirme 'sí'. Gracias por ser mi trabajador.

Señor, es un privilegio trabajar para ti.
Amo orar con la gente.
Me da tanta alegría servirte.

VINO LUJOSO

> *"Israel es una viña exuberante cuya fruta se*
> *corresponde con su crecimiento. Cuanto más*
> *abundante es su fruto, más altares él edificó. "*
>
> <small>OSEAS 10: 1</small>

Mi hija preciosa, a menos que el árbol sea plantado por el agua se secará y se derrumbará. Yo soy el agua viva. Si estás enraizado en mí, darás mucho fruto. Sin mí caerás. No puedes producir ningún fruto sin mí. Tus obras serán todas en vano. Será todo por tu propio orgullo y gloria. Una verdadera y exuberante vid es la que me escucha y sigue mis mandamientos.

Busca mi voluntad en todo lo que haces. No dejes que el enemigo te saque de tener buen fruto. Estar siempre de guardia. Estar alerta. Estar atentos. Hay una temporada para todo. Algunos darán fruto en la primavera, algunos en el verano y otros en el otoño. Así que no juzgues a los demás cuando no ves fruta. Podría ser que están en su temporada de invierno, inactivo hasta la próxima primavera. Quédate plantado junto a mi agua viva.

> *Jesús, tú eres mi vid verdadera y yo soy tu rama.*
> *No permitas que me separen de ti.*
> *Ayúdame a dar mucho fruto.*

EL REINO

*"El reino de los cielos está cerca. Cura
a los enfermos, resucita, limpia a los
leprosos, echa fuera demonios. "*

Mateo 10: 7-8

En mi visión vi dos reinos. En uno, la gente estaba
bailando y disfrutando entre sí. Había tanta alegría y
risas. En el segundo reino, vi que la gente peleaba con
espadas. La gente estaba en el dolor, caído en el suelo,
gimiendo y gritando. Había tanto odio y venganza.
Jesús me dijo:"Mi preciosa hija, el primer reino que viste
es mi Reino de los cielos donde reina el amor.

No hay personas enfermas, pero todas están sanas y
bien. Disfrutan de la vida al máximo. Hay tanta alegría
y celebración. El lugar donde vives ahora es el segundo
reino que viste en tu visión. Hay matanzas, sufrimiento,
condenación y pesimismo. Vete ahora y construye mi
Reino aquí en la tierra. Yo te ayudaré en todo lo que
hagas por mi Reino."

*Sí, Señor, iré con tu ayuda.
Tú eres nuestra esperanza y nuestra salvación.*

EL BOCADO

*"Tomó el bocado, lo tomó y lo entregó a
Judas, hijo de Simón, el Iscariote."*

JUAN 13:26

Hija mía, ¿ves cómo traté a Judas que iba a traicionarme? Aunque yo sabía lo que estaba en su corazón, todavía lo trataba con amor y compasión. Sabía profundamente que él estaba haciendo todo lo posible por acelerar para construir mi reino. Él fue solo para hacer esto sin primero consultarme. Pensó que sabía mejor que yo. ¿Cuántas veces has salido y hecho cosas sin antes consultarme?

¿Con qué frecuencia has seguido tus propias ideas y no las mías? ¿Cuántas veces has pensado que podrías hacerlo sola? El maligno entra para tentarte tan pronto como se da cuenta de que crees que puedes hacer todo sola. Hija amorosa, no caigas en la trampa de esta tentación. Nunca te aventures sola ya que no puedes hacer nada sin mí. Conmigo todo es posible.

*Señor Jesús, por favor perdóname por
todas las veces que no he hecho tu voluntad.
Ayúdame a recordar que siempre me apoye
en ti. Te necesito más que nunca.*

SER RECORTADO

"He aquí, yo os envío como ovejas en medio de lobos; Así sean astutos como serpientes y simples como palomas. "

MATEO 10:16

No te preocupes de qué decir cuando hables con la gente. Te daré las palabras para hablar a sus corazones. Todo lo que necesitas es escuchar mi voz y pedir al Espíritu Santo que te llene de sabiduría y conocimiento. Sé astuta como una serpiente y simple como una paloma. Que tu "sí" sea "sí" y "no" sea "no". Tú no necesita usar palabras floridas. Utiliza mis palabras que serán capaces de penetrar sus corazones endurecidos. Mis palabras tienen poder para separar el hueso de la médula como una espada de dos filos. Mis palabras curarán y transformarán a la gente. Habla mis palabras y ora con mis palabras. No volverán vacías. Te guiaré y te animaré en cada situación. Escucha mi voz, mi amor.

Señor, tus palabras son más dulces que la miel y más poderosas que una espada de dos filos. Yo Sólo te escucharé. Solamente yo te serviré.

PODEROSA OBRA

> *"Él no fue capaz de realizar ninguna obra poderosa allí, aparte de curar a unos pocos enfermos poniendo sus manos sobre ellos."*
>
> Marcos 6: 5

Todo el mundo puede poner las manos sobre la gente y curar en mi nombre. Pero para realizar actos poderosos es necesario tener fe en Dios Todopoderoso. Mis familiares y amigos en casa sólo me vieron como un ser humano, no divino. No tenían la fe expectante en mi poder divino. Como resultado, no pude realizar ningún milagro. Pero tú, mi hija preciosa, ten fe en mí y cree en mí. Conmigo a tu lado seré capaz de hacer grandes cosas a través de ti. Confía en mí y apóyate en mí.

Tú eres mi Dios y mi Señor.
Creo que nada es imposible contigo.
Tú eres el Hijo de mi Dios Todopoderoso.

DISCÍPULO

"Ningún discípulo está por encima de su maestro,
ni esclavo por encima de su amo. Es suficiente
para el discípulo que se convierta en su maestro,
para que el esclavo se vuelva como su maestro. "

MATEO 10: 24-25

En mi visión me vi en una clase de ejercicio. Seguí cada movimiento que el maestro hizo. Respiré de la misma manera que el maestro. Seguí cada paso y movimiento mientras él enseñaba y nos guiaba. Jesús me dijo: "Mi hija amorosa, ahora sabes ser mi verdadera discípula, para seguir cada acción y paso que yo tome. No hagas nada por tu cuenta. Podrías lastimarte. Mientras me sigas, estarás construyendo tu fe y serás capaz de llevar cargas más pesadas y pesadas sin poner en peligro tu cuerpo y tu salud. Construirás tu músculo y fuerza y superarás todo mal. Te sentirás cada vez más alegre cuando te vuelvas más como yo. Soy tu modelo y tu maestro. Ven y aprende de mí. Ven y sígueme.

Oh Señor, es una alegría hacer tu trabajo
porque tú estás dando vida. Tú eres cariñoso
y afectuoso. Quiero seguirte siempre.

QUIEN ME NIEGA

"El que me negare delante de otros, lo negaré delante de mi Padre celestial".

MATEO 10:33

Mi preciosa niña, ve cuánta alegría tienes cuando hablas de tus nietos a los demás. Estás tan dispuesta a mostrar sus fotos para que las vean. Así es como quiero que hables de mí a los demás, con amor y alegría. Hazles saber lo que es la bendición de tener a mi y a mi Padre morando en tu corazón. Diles todo lo que hemos hecho por ti. Diles las buenas nuevas de la vida eterna. Dales la misma alegría que te he dado. Sé que nunca me negarás, sino que extenderé mi alegría a los demás.

Señor Jesús, ayúdame a estar tan ansioso de compartir las buenas nuevas de ti con los demás como yo debo compartir acerca de mis nietos.

ESTE COMANDO

"Porque este mandamiento que os prescribo hoy no es demasiado misterioso y remoto para vosotros."

DEUTERONOMIO 30:11

Todo el mundo tiene un corazón amoroso. Te he creado para amar. Eres más feliz cuando estás enamorada y amada por otros. El amor te da sentido en la vida. El amor es lo que te da alegría. El amor se centra en la otra persona — salir del egoísmo y del egocentrismo. El amor soporta todo sufrimiento.

El amor es eterno. Cuando el ser querido está ausente o vacío de amor, esa persona es miserable porque todos son creados a nuestra imagen y semejanza. Amar es ser gozoso! Amar es sacrificarse y cuidar a los demás. Amar es tener misericordia y compasión. Amar es traer alegría a otros. Mi mandamiento está escrito en tu corazón que está hecho para el amor. Cuando amas, te vuelves como yo. Tu alegría será completa.

Te amo, Señor, con todo mi corazón y mi alma. Lléname con más de tu amor y alegría por los demás.

VIDA

"El que encuentre su vida, la perderá, y el que
pierda su vida por causa de mí, la hallará"
(MATEO 10:39).

Mi hija amorosa, yo soy el creador de la vida. Cuando me estás siguiendo, estás siguiendo el camino, la verdad y la vida. El que está conmigo hallará vida abundante. Cada día estará lleno de alegría y significado. Nada será en vano porque soy el autor de la vida. Es mi aliento el que te sostiene. No puedes funcionar ni tener vida en ti cuando estás lejos de mí. Permanece cerca de la fuente de la vida como una rama injertada en una vid. Cuando estés conmigo, darás mucho fruto, fruto que durará. Sin mí no puedes hacer nada. Pero conmigo puedes transformar el mundo. Juntos podemos cambiar vidas. ¿Darás tu vida por mí?

Sí, Señor, te daré todo.
Tú eres el centro de mi vida.
En ti encuentro amor, paz y alegría.

DOS POR DOS

> *"Jesús convocó a los Doce y comenzó a*
> *enviarlos dos por dos y les dio autoridad*
> *sobre los espíritus inmundos."*
>
> MARCOS 6: 7

Gracias, hija mía por tu "sí" y tu voluntad de ir dondequiera que te guíe. No te preocupes por qué decir o cómo orar. Sólo invoca al Espíritu Santo y él te guiará a cada paso del camino. No debes temer a los espíritus inmundos, porque tienes autoridad en mi nombre para vencer a todos los espíritus. Eres mi hija preciosa y has heredado todo de mí. Siempre que haya dos o más de ustedes en mi nombre, allí estaré. Vayan y tengan confianza en mí.

Aquí estoy, Señor. Vengo a hacer tu voluntad. Envía tu Espíritu Santo sobre mí y guíame en todo lo que hago.

INFANTIL

"Te alabo, Padre, Señor del cielo y de la tierra, porque aunque has escondido estas cosas de los sabios y de los sabios, las has revelado a los niños".

MATEO 11:25

En mi visión me vi como un niño sosteniendo la mano de Jesús. Estábamos de pie al borde del Gran Cañón. Me estaba mostrando el amanecer y la puesta de sol, el paisaje más hermoso que he visto. Yo estaba en el temor de todos los cambios de las formas de las montañas debido a la luz del sol y las sombras. Jesús me dijo: "Mi amor, eres como una niña que lo ve por primera vez con mis ojos. Ve la belleza y el esplendor de cada alma y ser como los que he creado por primera vez. Estar enamorado de todo el mundo. Ese es el tesoro escondido que les doy hoy. Cada alma es tan hermosa como el paisaje que viste en tu visión. Atesóralos.

Jesús, gracias por abrir los ojos para ver como ves la belleza de cada alma. Trataré de atesorar a cada persona como me has mostrado.

NO SE ARREPINTIÓ

"Jesús comenzó a reprochar a los pueblos donde se habían hecho la mayor parte de sus hazañas, ya que no se habían arrepentido."

MATEO 11:20

Para aquellas personas que no quieren arrepentirse por sus formas de vivir, incluso milagros y hechos poderosos son inútiles. Están tan establecidos en sus caminos que no quieren cambiar. Sus corazones son tan endurecidos como piedras. Tienen falsos ídolos. Encuentran su seguridad en dinero, gente y cosas. Ellos quieren vivir cada día de acuerdo a su propia voluntad.

Sus corazones se apartaron de mí. No tienen amor por los demás, solo por ellos mismos. No tienen tiempo para adorarme y para edificar mi reino. No siguen mis leyes y mandamientos. Pero tú, hija mía, te has arrepentido de tus pecados y has visto mis milagros y hechos poderosos. Has vuelto tu vida y me has puesto primero por encima de todo. Continúa haciendo una diferencia en la vida de otras personas.

Señor, límpiame de mis pecados. Lávame, moldéame y transfórmame. Pido perdón por todos mis pecados pasados y verdaderamente me he arrepentido de ellos.

MI ALMA

"Mi alma te anhela en la noche; Sí, mi
espíritu dentro de mí vigila por vosotros;
Cuando su juicio surja en la tierra, los
habitantes del mundo aprenden la justicia. "

ISAÍAS 26: 9

Mi preciosa niña, te he creado con cuerpo, alma y espíritu. Tu cuerpo se envejecerá y morirá, pero tu alma vivirá para siempre. Cada alma es preciosa para mí. Cuando te creé, di vida a tu ser. No tengas miedo de los que pueden dañar tu cuerpo, pero teme a los que pueden corromper tu alma.

Tu alma reside en el centro de tu ser. Sin tu alma no tendrás vida en ti. Tu cuerpo es afectado por este mundo, pero tu alma es afectada por el mundo espiritual. Vive cada día desde la profundidad de tu corazón, donde reside tu alma. Estar conmigo es el mayor deseo de tu alma. Ven a mí, mi querida niña. Te anhelo.

Mi alma se regocija en ti, Señor.
Mi espíritu canta sus alabanzas.

MISERICORDIA

> *"Si supieras lo que esto significa: 'Deseo misericordia, no sacrificio', no habrías condenado a estos inocentes."*
>
> MATEO 12: 7

Sí, yo soy la Divina Misericordia. Mi amor por todos es más grande de lo que puedas imaginar. Dejé mi vida por ti aunque sabía lo doloroso que sería morir en la cruz. No hay mayor amor que eso. Mi sangre cubre multitud de pecados. Todo el que come mi cuerpo y bebe mi sangre se salva y tendrá vida eterna. Mi misericordia es para todo aquel que cree en mí y me recibe en su corazón.

Señor, ten piedad de mí, pecador. Te agradezco por morir en la cruz por mis pecados. Ayúdame a tener siempre misericordia con los demás.

ÁRBOL

"Todo árbol es conocido por su propio fruto."

LUCAS 6:44

Hija mía, eres como una palmera, alta y hermosa. Produce fruta de coco, líquido para beber y carne que se puede utilizar en muchos productos. Cada árbol produce diferentes frutos. No te compares con los demás. El sauce junto al lago es tan hermoso. Sus hojas sombrean a la gente del sol caliente.

Algunos árboles son como el cedro en el Líbano. Su madera es la mejor para la construcción. Así que ya ves, he creado a cada uno de ustedes diferente con un propósito especial en mente. No hagas lo que tus vecinos están haciendo. Tienes una misión en la vida. Yo he elegido a cada uno de ustedes, al igual que el árbol con su propia clase de hojas y frutos.

Dios Padre, atesoro toda tu creación.
Te agradezco por que estoy
maravillosamente hecho.
Eres un Dios maravilloso.

SÓLO UNA COSA

*"Sólo se necesita una cosa. María ha escogido
la mejor parte y no se la quitará. "*

LUCAS 10:42SS

Todo en este mundo pasará. Pero mi palabra durará
para siempre. María escogió escuchar mi palabra en vez
de ocuparse en la cocina como su hermana Marta. Mi
palabra te dará vida y propósito mientras vives en esta
tierra. Mi palabra tiene verdadero significado y producirá mucho fruto, fruto que durará. Marta estaba ansiosa
y preocupada por muchas cosas. Se trataba de asuntos
terrenales. María sabía que sólo yo podría traer la palabra eterna que pondría todo en perspectiva. Mi palabra
tiene poder para sanar y liberar a la gente. Mi palabra
es la verdad, el camino y la vida. Estudia mi palabra y
reflexiona como lo hizo María. Guarda mi palabra en tu
corazón cada día de tu vida.

*Señor, dame tu palabra de sabiduría,
para que pueda servir a otros mejor.
Tu palabra me llevará al camino correcto.*

HERMANO Y HERMANA

"Porque el que hace la voluntad de mi Padre
celestial es mi hermano, mi hermana y mi madre".

MATEO 12:50

Hija mía, eres realmente una parte de mi familia. Sólo hoy has comprendido en tu corazón que eres tan especial para mí como lo eres para tus hermanas y hermanos terrenales. Nunca te dejaré ni te abandonaré. Siempre estoy allí para ti especialmente en tiempos de tu necesidad.

Recuerda cuando estabas enferma, tus hermanas y hermanos estaban tan preocupados por ti. Te enviaron el mayor ramo de rosas. Cuando te mudabas, algunos de tus hermanos y hermanas vinieron a ayudarte a mudarte a tu nuevo lugar. Puedes confiar más en mí que tus hermanos, porque yo soy tu Dios y tu proveedor. Siempre te sostendré en la palma de mi mano. Continúa pasando cada día conmigo. Tendrás gozo en hacer mi voluntad.

Gracias, Jesús, por ser mi hermano.
Estoy muy feliz de saber que soy
una parte de su familia.
Me siento tan bendecida.

RESURRECCIÓN

"Yo soy la resurrección y la vida; Todo aquel que
cree en mí, aunque muera, vivirá, y cualquiera
que vive y cree en mí nunca morirá. ¿Crees esto? "
JUAN 11: 25-26

En mi visión me vi sosteniendo un globo de helio, que subía y subía al cielo. Jesús me dijo: "Mi hija preciosa, de la misma manera quien se aferra a mí y cree en mí subirá y subirá al cielo donde no hay muerte ni dolor. El cielo es puro amor y pura alegría. El amor vive para siempre. El pecado conduce a la muerte. Elije siempre el amor. Mientras te aferres a mi, estarás a salvo. Tú solo nunca puedes alcanzar el cielo. No es por tus propios hechos que llegarás allí, pero haciendo la voluntad de Dios enriquecerás tu vida. La vida sin mí es vacía y sin sentido. Elige sobre todo. Elígeme a mí en cada decisión que tomes. Escoge el amor."

Señor, tú eres mi vida y mi salvación.
Elijo vivir cada día para ti.
Jesús, quiero estar contigo para siempre.

OBTENER TAL SABIDURÍA

"¿De dónde sacó este hombre
tanta sabiduría y poder?"

<small>MATEO 13:54</small>

Hija Mía, toda sabiduría viene de Dios. Sin sabiduría una persona camina en la oscuridad. No sabe adónde va y viene. Con sabiduría es capaz de ver claramente la realidad de la vida. Es como una persona que sostiene una linterna brillante. Sabe exactamente a dónde va y dónde ha estado. Soy la luz del mundo. Yo soy la semilla de la sabiduría. Quien me sigue tendrá la sabiduría para tomar las decisiones y decisiones correctas. Sin mi sabiduría tropezarás y caerás. No puedes tomar decisiones sabias que te lleven a mi reino. Como Salomón, ruega por la sabiduría. Pide al Espíritu Santo que te llene de su sabiduría y conocimiento.

Ven, espíritu santo.
Lléname de tu sabiduría y verdad.
Ayúdame a caminar en tu luz.

LOS PANES

"Jesús tomó los panes, dio gracias y los distribuyó a los que estaban sentados. Lo mismo hizo con los pescados, dándoles todo lo que quisieron."

JUAN 6:11

Mi hija amorosa, si das lo que tienes a los que están en necesidad, seré capaz de multiplicar estos dones y hacer milagros. Dale todo lo que puedas y deja el resultado para mí porque nada es imposible para Dios. Todo lo que quiero de ti es tu voluntad de compartir y hacer mi voluntad. Deja el resto para mí. Haz lo que te pido y el resto será atendido por mí. Comparte generosamente con todos los que te pidan. Tu recompensa será grande en el cielo.

Señor, dame un corazón generoso.
Tú eres el trabajador del milagro.
Tú eres el Hijo de Dios.

PARABOLAS

"para que se cumpliera lo anunciado por el
Profeta: "Hablaré en parábolas anunciaré cosas
que estaban ocultas desde la creación del mundo".

MATEO 13:35

Una parábola, hija mía, es una de las maneras que puedo enseñarte sobre la verdad profunda de los misterios de la vida. Describe el mundo espiritual en comparación con el mundo material. Simplifica la verdad teológica de la vida cotidiana de una manera que podrás entender. Un buen ejemplo es la parábola de la semilla de mostaza comparada con el reino de Dios. La semilla más pequeña crecerá en un arbusto grande. Así será en mi reino.

Señor, me encanta leer las historias
que nos contó de la Biblia.
Tienes las palabras de la vida eterna.

MALAS HIERBAS

"Así como Así como se arranca la cizaña
y se la quema en el fuego, de la misma
manera sucederá al fin del mundo."

MATEO 13:40

Mi hijo amoroso, cuando ves una mala hierba en tu patio rápidamente sácala porque si no lo haces mientras la maleza es pequeña será difícil sacarla cuando sea grande. Así es con el pecado. Es más fácil cambiar tus maneras tan pronto como te ves haciendo algo mal que esperar hasta más tarde. Cuanto más tiempo te agarres al pecado, más difícil es corregirlo. Así que mala yerba con frecuencia. Ve a la reconciliación con la mayor frecuencia posible. Yo te daré la gracia para vencer tus pecados. Yo te lavaré con mi agua viva.

Jesús, estoy profundamente arrepentido
de mis pecados. Por favor ayúdame
a cambiar mis caminos.

LAVÓ LOS PIES

> *"Si yo, que soy el Señor y el Maestro, les he lavado los pies, ustedes también deben lavarse los pies unos a otros. Les he dado el ejemplo, para que hagan lo mismo que yo hice con ustedes. "*
>
> JUAN 13: 14-15

¿Crees que podría lavar los pies de mis discípulos de pie? No claro que no. Tuve que arrodillarme para desabrochar sus sandalias. Hice esto para mostrarles cómo hacer lo mismo a todos aquellos que necesitan mi amor y cuidado. Pedro me dijo: «Nunca me lavarás los pies», porque se dio cuenta de lo pecaminoso y débil que era una persona. Pedro era mi discípulo favorito porque era tan honesto y me amaba tan profundamente. Quería servirme y lavarme los pies. ¿Me dejarías lavarte los pies? ¿Me dejarías ver todas tus imperfecciones y pecados? ¿Serías lo suficientemente humilde para dejarme desabrocharte las sandalias? Entrégate a mi cuidado. Déjame lavarte los pies para que tú también puedas ser mi discípulo.

> *Señor, no soy digno de que te arrodilles delante de mí y me laves los pies. Dame la humildad de hacer lo mismo a todos aquellos que necesitan tu amor.*

AGOSTO

TESORO

"Esto es lo que sucede al que acumula riquezas para sí, y no es rico a los ojos de Dios".

Lucas 12:21

Mi preciosa niña, el oro no tiene valor en el cielo. De hecho, la pasarela en el cielo está pavimentada con oro. Es algo que todo el mundo camina. Son las almas de la gente las que son tesoros en el cielo. Cada alma no tiene precio porque he creado a cada ser humano a mi imagen y semejanza. Cada vez que eliges a la gente por encima del dinero o del oro, estás guardando tesoros y riquezas en el cielo. El dinero y el oro sólo conducen a la codicia y el descontento. El amor de la gente no tiene precio. El amor es lo que atesoro. Creé a cada uno con un corazón capaz de amarme a mí ya los demás. Pero muchas personas se han alejado de mí y anhelan sólo bienes materiales. Hija mía, ve y ayúdales a guardar riquezas en el cielo. Ayúdelos a volver sus corazones a mí.

Tú eres mi tesoro y mi todo, oh Señor.
Te amo con toda mi alma, con todas
mis fuerzas y con todo mi corazón.

HOMBRE MÁS CÓMODO

"Moisés mismo era, con mucho, el hombre más humilde sobre la faz de la tierra."

NÚMEROS 12: 3

La mansedumbre es la obediencia a Dios. Cuando dependen totalmente de mi Padre en todo lo que hacen y dicen, entonces se volverán como Moisés en su mansedumbre. Moisés dejó la buena vida en el desierto con su familia cuando Dios lo llamó para regresar a Egipto para liberar a los esclavos. Obedeció a Dios aunque no creía que estuviera capacitado para hacer un trabajo tan grande. Dejó su vida por los demás. Él sufrió cuarenta años en el desierto, llevando a los esclavos de Egipto. Él era el hombre más manso a los ojos de Dios. Hija mía, ve y haz la voluntad de mi Padre.

Señor, dame la mansedumbre y el coraje para salir y seguir mi llamado. Ayúdame a abrazar todo lo que has planeado hacer.

UNA VOZ

"Desde la nube se oyó entonces una voz que decía: «Este es mi Hijo, el Elegido, escúchenlo»
"Lucas 9:35

Mi hija amorosa, sólo puedes oír mi voz cuando no estás hablando o haciendo demasiadas cosas. Para escuchar con eficacia es necesario estar tranquilo y listo para recibir. No puedes escuchar mi voz si hay vibraciones y ruidos constantes. Cuanto más tranquila estés, más podrás escucharme. Mi voz es una voz suave y susurrante. Hablo con tu corazón. Si tu corazón es duro como una roca, no podrás recibir mi mensaje. Si tu mente está pensando en demasiadas otras cosas, no podré comunicarme contigo. Si te apresuras con demasiadas tareas perderás mi voz y mi presencia. Estad quietos y sabed que yo soy vuestro Dios. Anhelo hablar contigo. Escucha mi voz.

Háblame, Señor; Tu siervo está escuchando.
Aquí estoy, Señor, listo para hacer tu voluntad.

POSÉEME

> *"Tú siempre tienes a los pobres contigo,*
> *pero no siempre me tienes a mí."*
>
> JUAN 12: 8

Sí, los pobres siempre estarán allí, pero cada momento que pasas solo conmigo es más precioso que todo el trabajo y dinero que das a los pobres. Sin una relación íntima conmigo estarás haciendo todas las buenas acciones para tu propia gloria y placer. Es por eso que los santos pasan muchas horas orando y comunicándose conmigo todos los días. No es cuánto trabajo realizas lo que te hará un santo. Es lo mucho que realmente me amas.

Todo lo que mi madre hacía era tareas domésticas todos los días mientras yo estaba creciendo. Más su amor por mí era más que el amor de nadie en la tierra. Sus ojos siempre estaban sobre mí. Estuvimos juntos por 30 años.

Me abrazó; Ella cocinó para mí y ella se encargó de mí. No hay nadie que me quiera más que a mi madre. Sigue su ejemplo, mi amorosa hija. Pídele que interceda por ti todos los días. Ella es tu madre también.

> *María, mi madre, por favor ora por mí para*
> *que yo pueda amar a tu hijo Jesús cada vez más*
> *cada día. Ayúdame a acercarme cada día a él.*

AL QUE DA CON ALEGRÍA.

"Que cada uno dé conforme a lo que ha resuelto en su corazón, no de mala gana o por la fuerza, porque Dios ama al que da con alegría."

2 CORINTIOS 9: 7

En mi visión vi a una niña vestida como una florista en una boda. Tenía en la mano una cesta de pétalos de rosa. Estaba extendiendo los pétalos por todas partes. Ella estaba caminando delante de la novia. Jesús me dijo: "Mi hija preciosa, si quieres complacerme, haz lo mismo que la pequeña florera en mi visión. Difunde las buenas noticias, que es como los pétalos de rosa, dondequiera que vayas. Trae mi fragancia y alegría a todos. Sé mi sierva en dar bendiciones a los demás. Tú eres mis manos y mis pies ahora. Eres mi donante generosa. Eres mi embajadora en el mundo. Que todos los que te vean, me vean. Estoy caminando delante de ti. Tu eres mi felicidad."

Sí, Señor Jesús, quiero difundir tu alegría y amor a todos los que conozco hoy. Muéstrame el camino.

DOS DE USTEDES

*"Si dos de ustedes se ponen de acuerdo en la
tierra acerca de cualquier cosa por la cual deben
orar, se les concederá por mi Padre celestial."*

MATEO 18:19

Mi preciosa hija, mi Padre celestial ama a todos sus
hijos. Cuando dos de ustedes piden algo en mi nombre,
él no puede negarse. Él sabe que su petición es para el
bien de otros. Es un Padre generoso y amoroso. Quiere
bendecir a sus hijos tanto como quieran orar por los
demás. Su corazón se ablanda cuando te oye orando al
unísono con los demás.

Cuando oras con amor en tu corazón, no puede negarse.
Escucha tus peticiones. Conoce tus necesidades. Él tiene
un corazón compasivo que quiere curar a todos los que
piden sanidad. Escucha tus oraciones. Así que no tengas
miedo de pedir nada en mi nombre. Es nuestra voluntad
que tus oraciones sean escuchadas. Es nuestra alegría
escucharte orando juntos.

*Señor Dios, eres más amoroso y generoso
de lo que jamás podamos imaginar.
Gracias por responder siempre
a nuestras oraciones.*

EN UNA CRUZ

"Se humilló a sí mismo, haciéndose obediente hasta el punto de morir, hasta la muerte en una cruz."

FILIPENSES 2: 8

¿Tienes alguna idea del dolor que sufrí por ti en la cruz? Cada clavo no sólo me perforó las manos y los pies, sino también mi corazón. Mi corazón dolía más que cualquier parte de mi cuerpo. Me sentí totalmente abandonado y abandonado por todos, incluso mi amoroso Padre en el cielo, porque tomé todos los pecados del mundo. Cada pecado nos separa de nuestro Padre.

Ese fue uno de los momentos más dolorosos para mí en la cruz. Mis discípulos se escaparon de mí excepto Juan. Pedro, que me había negado tres veces, no estaba a la vista. Sólo mi madre María y algunas de mis discípulas favoritas permanecieron conmigo hasta el final. Mi querida niña, mírame en la cruz y medita cuánto te amo. Deja que tus lágrimas fluyan. Lávame los pies perforados con ellos y limpia mis pies ensangrentados con tu cabello. Te amo más de lo que nunca sabrás.

Mi amoroso Jesús, me rompe el corazón por verte en la cruz. Nunca podré hacer por ti lo que has hecho por mí. Te amo Jesús.

UNA CARNE

> *"Por eso el hombre dejará a su padre*
> *ya su madre, y se unirá a su mujer,*
> *y los dos serán una sola carne."*
>
> MATEO 19: 5

Hija Mía, he creado a hombres y mujeres para que se complementen. Cumplen con las necesidades del otro. Después del matrimonio se convierten verdaderamente en una sola carne. Esta unión está ligada con amor. Este matrimonio sólo funcionará cuando estén dispuestos a dar sus vidas el uno por el otro.

Es con amor el uno al otro que los niños son concebidos. Los que están unidos a mí darán mucho fruto como el matrimonio. Es a través de esta unión que el amor se perfecciona. El amor puede vencer todo mal. El amor une y trae alegría y felicidad. Ningún sacrificio es demasiado cuando hay verdadero amor y verdadera unión.

> *Señor, te agradezco y te alabo por haberme*
> *creado para amarte a ti ya todas las criaturas*
> *de este universo. Te agradezco por haberme*
> *bendecido con un cónyuge, hijos y nietos.*

YO ENTREGARÉ

"Los libraré de todos sus pecados de
apostasía, y los limpiaré para que sean
mi pueblo y yo seré su Dios."
EZEQUIEL 37:23

En mi visión vi a Jesús abriendo las puertas de la prisión y dejando a los prisioneros libres. Todos lo siguieron por la puerta. Jesús me dijo: "Mi mayor deseo es librar a mi pueblo de sus pecados y falsos ídolos, porque no saben lo que hacen. ¿Pueden las estatuas o los ídolos salvar tu alma? ¿Pueden rescatarte del peligro? ¿Pueden consolarte cuando estás desconsolado y triste? Mi hija amorosa, estaré allí para ti siempre que me llames.

Yo soy tu Dios y tu redentor. Yo te liberaré de toda tu miseria. Ya no estás encerrada en tus pecados pasados, no importa cuán grandes o pequeños fueran. Estás libre. Libre para adorarme. Libre de llamarme y apoyarme en mí. Te llevaré con las alas de águila y te llevaré a la casa de mi Padre.

¡Qué libertad! ¡Qué alegría!
Gracias, Jesús, por liberarme de
todos mis pecados pasados.
¡Aleluya! Alabado sea el Señor.

NIÑOS

"Que los niños vengan a mí, y no los prevengan; Porque el reino de los cielos pertenece a tales semejantes. "

MATEO 19:14

Ven, mi preciosa niña, déjame bendecirte. Todo el mundo en la tierra es mi hijo. Amo a todos mis hijos. Traiga a todos más cerca de mí para que yo pueda bendecirlos también. ¿Ves cuánto amas a tus hijos y solo quieres lo mejor para ellos? Ahora puedes imaginar cuánto más amo a cada uno de ustedes.

No hay mayor amor que el que da su vida por ti. Haré lo que sea por ti. Ven a mí y pasar tiempo íntimo y de calidad a solas conmigo. Mi mayor alegría es estar con cada uno de mis hijos con un tiempo para compartir y un tiempo para escuchar de corazón a corazón. Así que vengan a menudo y siéntense junto a mí. Te bendeciré y te llenaré de mi amor y gracia.

Aquí estoy, Señor.
Habla, Señor.
Tu hijo te escucha.

TEMPESTADES Y PELIGROS

"Yo grité: Oh Señor, tú eres mi padre,
tú eres mi campeón y mi salvador; No
me abandones en tiempo de angustia,
en medio de tormentas y peligros. "

Sirach 51:10

En mi visión vi un huracán que destruía todas las casas y automóviles a excepción de una pequeña casa que todavía estaba parada en perfecto estado. Jesús me dijo: "Hija mía, ves que yo soy el Señor del viento y de la lluvia. Incluso la tormenta me escucha. Esa pequeña casa que viste en tu visión es aquella que está protegida por mí de todo daño. Eres mi hija preciosa. Escuché tu grito y vine a rescatarte. A pesar de que todo parece desesperado, no será dañado ni destruido. Mis amorosos brazos te envuelven y te protegen de todos los enemigos. No podrán acercarse a ti porque me tienen miedo. Recuerda esta visión siempre que tengas problemas. Estoy contigo hasta el fin de los tiempos. No tengas miedo, mi amor.

Mi Dios y mi Señor, en ti confío en todo mi ser.
Tú eres mi roca y mi salvación.

ABRAM SE PROSTRÓ A SI MISMO

> *"Cuando Abram se postró, Dios le dijo:*
> *'Mi pacto contigo es esto:*
> *serás padre de una multitud de naciones.'"*
>
> Génesis 17: 3

¿Sabes, hija mía, por qué elegí a Abram para ser el padre de muchas naciones? Es porque me escuchó y me adoró. Él fue obediente a mí y siguió mis mandamientos. Confió en mí cuando le dije que abandonara su tierra y su ciudad natal e iría a un lugar al que nunca había estado antes. Me puso por encima de todas las cosas y personas. Estaba dispuesto a sacrificar a su hijo en el altar por mí.

Tal fidelidad, tal obediencia es lo que busco en cada persona. Tú, hijo mío, también has sido escogido. ¿Estás dispuesto a dejar todo y seguirme? ¿Estás dispuesto a sacrificar tu propio hijo por mí? ¿Me seguirás e irás a donde quiera que vaya? ¿Estás listo para decirme "sí"? Yo te bendeciré abundantemente como he bendecido a Abram.

Señor, dame el coraje y la fe para seguirte, no importa a dónde me guíes. Quiero darte mi vida porque tú eres mi Dios y mi redentor.

ESCLAVO DEL PECADO

> *"Jesús les respondió: «Les aseguro que todo el que peca es esclavo del pecado."*
>
> Juan 8:34

En mi visión vi a dos niños pequeños, como Hansel y Gretel, tomados de la mano y encontrando caramelos en el suelo y comiéndolos mientras caminaban hacia la casa de la bruja. Jesús me dijo: "El pecado se está alejando de mí y buscando la satisfacción del yo. Lleva a la esclavitud ya la muerte. La mayoría de la gente no se da cuenta de cuántas tentaciones hay en este mundo.

Cuidado, mi hija preciosa. No sigas el mundo, pero ven y sígueme. En el momento en que te encuentras sin mirarme, notarás lo que buscan tus ojos. Si no es puro y santo girar inmediatamente y enfocarse en mí. El salario del pecado es la muerte. Si supieras cuánto he sufrido por tus pecados, nunca más volverás a pecar.

> *Señor Jesús, por favor perdóname por todas las veces en que he vagado lejos de ti. Ruego que me mantenga cerca de ti siempre.*

YA SABES COMO SOY

"Entonces Jesús clamó en el área del templo
mientras él estaba enseñando y dijo:
'Tú me conoces y también sabes de dónde soy.'"
Juan 7:28

Mi preciosa hija, tú me conoces cuando estás en la iglesia o durante tu tiempo de oración. Pero cuando estás fuera de la iglesia, ¿me ves en los rostros de otras personas? ¿Sabes de dónde son? Si supieras, amarías a cada uno tanto como me amas porque estoy en cada alma. Yo sé de dónde vienen. Algunas personas pasan por muchas cosas en sus vidas y necesitan comprensión y compasión. Algunos han sufrido mucho y necesitan consuelo y misericordia.

Algunos nunca han sido amados y anhelan el amor. ¿Serás mis manos y mi corazón para ellos? ¿Los tendrás en tus brazos para mí? Cada vez que haces buenas obras al menos de mi gente, me las haces. Mi Padre te recompensará cien veces. Búscame cuando estés fuera. Me conocerás cuando te tomes el tiempo para verme a donde quiera que vayas.

Señor, abre mis ojos para verte en cada alma que
conozco hoy. Envía tu Espíritu Santo sobre mí
para que yo pueda amar a todos, especialmente
a aquellos que más necesitan tu amor.

MARÍA

> *"María salió y se dirigió a la región montañosa*
> *apresuradamente a un pueblo de Judá, donde*
> *entró en la casa de Zacarías y saludó a Isabel."*
>
> LUCAS 1: 39-40

María fue elegida para ser mi madre por su total confianza en mi Padre. Ella estaba llena del Espíritu Santo en el momento en que dijo "sí" al ángel Gabriel.

Se dirigió apresuradamente a la casa de Elizabeth porque creyó lo que el ángel le contó sobre el embarazo de su prima en su vejez. Ella creía que nada es imposible con Dios. Conmigo en su vientre trajo alegría a Elizabeth y al bebé Juan. Ella trajo consuelo a su primo que todo saldría bien. Cuando reciben a María como su madre, ustedes también me dan la bienvenida en su corazón.

Salimos juntos para alegrar a todos los que nos reciben. María mi madre fue asumida en el cielo, pero ella y yo estamos siempre contigo. Eres nuestro hijo precioso.

> *Alégrate María llena eres de*
> *gracia. El Señor está contigo.*
> *Bendita eres entre las mujeres. Bendito*
> *es el fruto de tu vientre, Jesús.*

SIN PECADO

Como insistían, se enderezó y les dijo:
"El que no tenga pecado, que
arroje la primera piedra ".

JUAN 8: 7

Mi hija amorosa, todos han pecado desde la caída de Adán y Eva. Todo el mundo se ha alejado de Dios. Esa es la razón por la que tuve que morir en la cruz para redimirte de tu pecado. Pagué el precio con mi sangre. No hay otro sufrimiento más doloroso que una muerte agonizante y lenta en la cruz. **Te lavé y limpié con agua** y sangre que venía de mi costado. Eres mía. Nadie puede alejarte de mí.

Estamos encadenados por mi amor. Estamos unidos entre nosotros para siempre. Mantén tu cara mirando hacia el cielo. Concéntrate en mi amoroso Padre, no en los problemas de este mundo. Vive en mi reino. Vive sin pecado. Brilla tu amor y gozo en todo lo que encuentras hoy. Trata a todos con respeto y compasión.

Líbrame con tu preciosa sangre, oh Señor.
Ayúdame a evitar todas las tentaciones.
Dame el coraje de seguirte siempre.

MIL VECES

> *"Todo aquel que ha renunciado a sus casas,*
> *a sus hermanos, a sus hermanos, a su padre,*
> *o a su madre, o a sus hijos, o a sus tierras*
> *por causa de mi nombre, recibirá cien*
> *veces más y heredará la vida eterna."*
>
> MATEO 19:29

Es como la multiplicación de los panes y peces. **Cualquier cosa que ofrezcas a los demás por mi bien puedo** multiplicarlo cien veces más. Regala lo que tengas en el nombre de mi nombre y yo puedo transformarlo en la salvación de muchos. No es debido a tus propios esfuerzos, pero conmigo todas las cosas son posibles. Así que no tengas miedo de sacrificar y dar lo que más quieres.

Tu recompensa será grande en el cielo. Tú heredarás la vida eterna conmigo. Disfrutarás de felicidad eterna y alegría conmigo. Serás recompensado cien veces más. Ven, mi amorosa hija.

> *Señor, dame un corazón generoso para*
> *que yo esté dispuesto a renunciar a*
> *todo por causa de tu nombre.*
> *Quiero servirte hasta el final de mi vida.*

BECERRO DE METAL FUNDIDO.

"Pronto se apartaron del camino que les señalé, haciéndose un becerro de fundición y adorándolo, sacrificándole y gritando: "Este es tu Dios, Israel, que te sacó de la tierra de Egipto ! «

ÉXODO 32: 8

En mi visión vi un becerro de oro en medio de una multitud de gente donde todos cantaban, bailaban y tenían sus orgías. Jesús me dijo: "Hija Mía, mi corazón está lleno de tristeza por la situación del mundo de hoy.

La gente se ha alejado de mí. Ya no me adoran ni me escuchan. En cambio, han creado para sí mismos falsos dioses. Sus vidas están centradas en el materialismo y la gratificación instantánea del yo. Pero tú, mi hija preciosa, me has sido fiel.

Continúa recibiendo mi cuerpo y sangre y leer las escrituras diariamente. Ellos te nutrirán y te fortalecerán como protección contra todo mal que te rodea. Ora sin cesar por la gente en este mundo, especialmente por tu país, por todos sus familiares y amigos. Oren, oren y oren."

Dios mío y mi Señor, por favor perdónanos por todas las veces en que no te hemos adorado o adorado. Por favor volvamos nuestros corazones a ti, Señor.

RESURRECCIÓN DE LA VIDA

> *"No se asombren: se acerca la hora en que*
> *todos los que están en las tumbas oirán su*
> *voz y saldrán de ellas: los que hayan hecho el*
> *bien, resucitarán para la Vida; los que hayan*
> *hecho el mal, resucitarán para el juicio."*
>
> JUAN 5:28-29

Mi hija amorosa, mientras estaba en la tierra, hice todo lo que mi Padre deseaba que yo hiciera. No hice nada según mi propia voluntad, sino sólo según la voluntad de mi Padre. Así es contigo. Cuando hagas buenas obras para el honor y la gloria de mi Padre, tendrás resurrección de vida.

Disfrutarás el banquete celestial con nosotros un día. Vas a pasar la eternidad sin lágrimas y tristeza. El tiempo está llegando pronto cuando ya no puedas hacer ninguna buena obra para los demás. No pierda un momento de estar ociosa. Sal y cumple con la misión de sanar a los enfermos, liberar a los cautivos y proclamar las buenas nuevas a los pobres.

> *Mi amoroso Padre, aquí estoy listo para hacer tu*
> *voluntad. Ayúdame a concentrar mis ojos en ti*
> *y a hacer lo que me hayas planeado hacer hoy.*

VESTIDO DE BODA

*Mi amigo, ¿cómo es que has entrado sin ropa
de boda? Pero fue reducido al silencio.*

MATEO 22:12

Mi preciosa hija, a todos se les da la oportunidad de ponerse un vestido de boda antes de entrar en mi reino de los cielos. La vestidura de la boda es tu vestido de bautismo y toda tu justicia y buenas obras. Todo el mundo tiene toda una vida para hacer un buen trabajo y ser justos. Aquellos que son perezosos y pierden su tiempo en perseguir las cosas de este mundo en lugar de seguir mis estatutos y mandamientos vendrán a mi fiesta de bodas sin preparación y con las manos vacías.

Ellos serán atados y arrojados a la oscuridad fuera del cielo. Sólo los que están preparados para el banquete de bodas como las damas de honor sabias con aceite en sus lámparas podrán disfrutar del banquete conmigo. Sé atento, **preparado** y diligente.

*Señor, deseo el día para disfrutar del banquete
de bodas que me has preparado. Ayúdame a
estar listo ya permanecer fiel hasta el final*

VISIÓN

*"Una noche, mientras Pablo estaba en
Corinto, el Señor le dijo en una visión,
'No tengas miedo. Sigue hablando y no
te calles, porque yo estoy contigo. "*

HECHOS 18: 9

En mi visión vi a Jesús y yo montados en una bicicleta para dos. Estaba en la parte delantera y me senté detrás de él. Los dos estábamos pedaleando. Jesús me dijo: "Hija Mía, cuando estés conmigo, te tomaré lugares donde nunca has estado. No tengas miedo. Tú disfrutará del paisaje sin un cuidado en el mundo. Será una bienaventuranza total. Pero necesitas hacer tu parte. Como en tu visión que te di, no estabas ociosa sentada detrás de mí, pero pedaleando a medida que avanzábamos. Necesito tu opinión y tu ayuda. Conmigo en el frente, no tendrás ninguna preocupación. Puedes depositar tu confianza en mí y saber que nada te hará daño o te lastimarás. Disfruta el viaje. Disfruta cada día. Estoy contigo siempre."

*Señor Jesús, qué hermosa visión. Te agradezco
por estar siempre conmigo. Ayúdame a
confiar en ti más y más cada día.*

SE HUMILLA A SÍ MISMO

"El que se enaltece será humillado; Mas el que se humilla será exaltado ".

MATEO 23:12

Hija mía, ser humilde es pensar siempre en los demás mejor que en ti misma. No sientas que tienes todas las respuestas o que eres el único que puede hacer el trabajo. Una persona humilde escucha a los demás y está dispuesta a cambiar y admitir cuando se equivoca. Una persona humilde depende totalmente de Dios y sabe que todo viene de arriba. Cuando sientes que puedes hacerlo todo por ti mismo, te has vuelto orgulloso como los fariseos. No hagas cosas para mostrar o buscar lugares altos para tu propia gloria. Aprende de mí, porque soy manso y humilde de corazón. Amar y honrar a cada persona porque todo el mundo tiene valor y es precioso a mi vista. La verdadera humildad se ve en la persona que conoce sus propias debilidades y fuerza. Sé humilde de corazón.

Gracias, Señor, por mostrarme cómo ser humilde y manso. Que todo lo que hago te dé honor y gloria.

TONOS CIEGOS

> " ¡Insensatos y ciegos! ¿Qué es más importante:
> el oro o el santuario que hace sagrado el oro?
>
> MATEO 23:17

Escúchame, mi hija preciosa, sobre todas tus posesiones terrenales. El oro devaluará, pero mi amor por ti no tiene precio. No seáis como los que están cegados por sus riquezas. Les gusta pensar que la vida es todo dinero. Pero tú sabes mejor, mi amor. Tu vida sin mí estará totalmente vacía. Será inútil. Hay dos caminos en la vida que se puede caminar. Uno es seguir las riquezas y el otro es seguirme. Conmigo, llegarás al cielo y entrarás en mi reino. Con riquezas, serás conducido a la destrucción ya la muerte. Puedes servir a cualquiera al oro o a Dios. Escógeme por encima de todo. Yo soy tu riqueza y tu herencia. Soy todo lo que necesitas.

> *Señor, eres más precioso que el oro o la plata.*
> *Siempre te elegiré por encima de todo lo demás.*

DOCE PUERTAS

"Tenía un muro alto y macizo, con doce puertas en las que estaban colocados doce ángeles y sobre los cuales estaban inscritos los nombres de las doce tribus de los hijos de Israel".

APOCALIPSIS 21:12

Mi hija preciosa, he preparado un lugar en el cielo para usted y su familia — un lugar que los ojos no han visto y los oídos no han escuchado el esplendor de la nueva Jerusalén. Eres mi novia. Ya he pagado el precio por ti en la cruz. Eres mía. Tu familia es mi familia. Tus amigos son mis amigos. Todas las personas que atesoras aquí en la tierra son preciosas para mí también. Venga y disfrute de la fiesta que he preparado para usted. Usted no será decepcionado. Habrá risas y música. Habrá amor y paz para siempre. Ven, mi amada.

Gloria y alabanza a ti, mi Señor y mi Dios. Espero con ansias el día en que me uniré a ustedes en el cielo.

TUMBAS BLANQUEADAS Y LAVADAS

"¡Ay de ustedes, escribas y fariseos hipócritas,

que parecen sepulcros blanqueados: hermosos por fuera,

pero por dentro llenos de huesos de muertos y de podredumbre!".

MATEO 23:27

Mi querida hija, sé transparente. Sé honesta y veraz. Sé mi seguidora. La gente te verá y te conocerá cuando seas sincera con ellos. No ocultes ninguna de tus acciones, buenas o malas. Sé humilde. Guarda tu boca antes de hablar. Tu discurso debe ser amoroso y cuidadoso. De esta manera tu conciencia estará transparente. Sé simple como la Madre Teresa. Haz lo que es correcto, no para presumir, sino haz cada acción para complacerme. Deja que sea tu único motivo. Que cada palabra que hables me dé gloria. Que cada acción que hagas esté en mi nombre. Sólo de esta manera estarás limpio por dentro y hacia afuera.

Padre Celestial, solo quiero complacerte en todo lo que hago y digo. Ayúdame a ser sincero y honesto en todos mis motivos

MANTENTE DESPIERTO

"¡Mantente despierto! Porque no sabéis
en qué día vendrá vuestro Señor. "
MATEO 24:42

Mantén tus ojos abiertos y concéntrate en mí, hija. Cuando tengas los ojos cerrados, tropezarás y caerás. Mantente despierta y alerta. Sólo entonces podrás ver el mundo espiritual que es tan real como el mundo físico que te rodea. La mayoría de la gente pasa la vida con los ojos medio abiertos. No tienen fe expectante en mí. Viven cada día sin un propósito para sus vidas.

Pero tú, mi hija preciosa, vive cada momento para la mayor gloria de Dios. Que cada palabra que hables traiga a otros más cerca de mí. Que cada acción se llene de amor y compasión por los demás. Sé generosa con tu tiempo, orando por los demás. Sé vigilante y te darás cuenta de que yo estoy contigo. Conmigo a tu lado, podrás vivir cada día al máximo, todo por el honor y la gloria de mi Padre.

Vive cada día haciendo buenas acciones sin ninguna ansiedad o estrés. Vive en el momento presente.

Estate alerta y espérame como cuando esperabas que tu ser querido regresara a casa. Espera con gran alegría y emoción.

Señor, mi corazón anhela estar contigo. Espero
ansiosamente el día en que pueda verte cara
a cara. Tú eres mi amor y mi tesoro.

ROCA ETERNA

"¡Confía en el Señor para siempre!
Porque el Señor es una roca eterna. "

ISAÍAS 26: 4

En mi visión vi un templo de oro construido sobre una enorme roca sólida. Jesús me dijo: "Hija Mía, yo soy la roca eterna. Nunca cambiaré ni vacilaré. Siempre me mantendré firme en cada palabra que yo hable.

Puedes confiar en mí y apoyarme en mí. Yo soy el camino, la verdad, y la Vida. No hay otro Dios aparte de mí. Sube sobre mi roca y ven a mí. Yo te protegeré en tiempos de angustia. Te protegeré de todo mal. Yo te protegeré del maligno. Eres mía. Venid a mi templo y adoradme día y noche. Escucho todas sus oraciones y peticiones. Te responderé y concederé tus deseos. Confía en mí como un niño confía en sus padres. No te preocupes por nada, sino aferrándome a mí. Yo soy tu roca y tu salvación."

Mi Señor y mi Dios, en ti solo confío. Tú eres mi roca y mi salvación. No hay otro.

FIEL SIRVIENTE

> *"Está bien, servidor bueno y fiel, le dijo su*
> *señor, ya que respondiste fielmente en lo*
> *poco, te encargaré de mucho más: entra*
> *a participar del gozo de tu señor". "*
>
> MATEO 25:21

Sé lo que eres capaz de hacer, hija mía. Nunca te pediré que hagas más de lo que puedes lograr. En la parábola, la persona que tenía 5 talentos fue y negoció. Hizo 5 más. La persona que recibió solo 2 talentos, hizo 2 más. Ambos hicieron al maestro muy feliz. Ambos fueron recompensados con una mayor responsabilidad. Pero el que tenía solo un talento tenía miedo de perderlo y lo enterró en lugar de invertirlo. No tengas miedo de usar todos los regalos que te he dado. Cuanto más los uses, mejor sirviente serás. Sé fructífera. Ve y comparte tus talentos con otros. Cuanto más tengas, más te será dado. Sé mi sierva gozosa y fiel.

Señor, quiero ser una buena y fiel servidora.
Elimina cualquier temor que pueda evitar
que te sirva en cada situación de mi vida.

LOS OJOS NO FUERON

"Moisés tenía 120 años de edad cuando murió, pero sus ojos no fueron alterados y su vigor no cesó."

DEUTERONOMIO 34: 7

No tengas miedo de la vejez, mi preciosa hija. Si sigues sirviéndome y obedeciéndome, tendrás una vida sana y feliz incluso en tus años mayores. Experimentarás la paz en todas las circunstancias si te quedas cerca de mí y permaneces en mí. Conmigo, no tendrás miedo, ansiedad o estrés. Sin mí, tendrás que luchar cada día de tu vida. Yo soy tu buen pastor. Yo te protegeré con mi vara y mi bastón. Regocíjate siempre y alégrate.

Dios misericordioso, te agradezco y te alabo por mi vida. Todo lo que tengo viene de ti. Tú eres mi buen pastor.

ESPÍRITU Y VIDA

"Las palabras que os he hablado
son Espíritu y vida."

JUAN 6:63

En mi visión vi la palabra de Dios como una mariposa. Vuela dondequiera que quiera ir y poliniza lo que toca. Tiene mucho fruto. Siempre está en movimiento y es tan hermoso. Jesús me dijo: "Sí, hija mía, mi palabra tiene poder. Da la vida dondequiera que toque. El Espíritu se mueve donde quiera. Es como un soplo de aire fresco. Renueva y refresca el alma. Pasa tiempo de calidad con mis Escrituras todos los días de tu vida. Enriquecerá tu vida y te llenarás de sabiduría ".

Señor Jesús, lléname de tu palabra, que
es más preciosa que la plata o el oro.
Tu palabra es mi luz guía.

DELEITE

> *"…sino que se regocijarán y se alegrarán*
> *para siempre por lo que yo voy a crear:*
> *porque voy a crear a Jerusalén para la*
> *alegría y a su pueblo para el gozo. "*
>
> ISAÍAS 65:18

Mi preciosa niña, ¿te acuerdas del conjunto de hermosos animales de jade que tu padre tenía años atrás? Solía sacarlos a menudo de un compartimiento secreto en su escritorio y admirarlos. Esos animales fueron sus tesoros durante muchos años. Tú eres mi tesoro y mi deleite. Mis ojos están siempre sobre ti.

Te guardaré en mi corazón para que ningún enemigo pueda arrebatarte de mí. Cada movimiento que haces y cada palabra que dices son importantes para mí, porque yo te he creado en el vientre de tu madre.

No hay nadie como tú en todo el universo. Tú eres única. Eres mi joya inestimable. Te he pagado con mi propia carne y sangre. Quiero que estés conmigo por la eternidad. Tú eres mi amada y yo soy tuyo.

> *Te amo, Señor, con todo mi corazón,*
> *alma entera y todo mi ser.*
> *Llévame a tu corazón y nunca me*
> *dejes separar de ti. Soy todo tuyo.*

SEPTIEMBRE

EL VIENTO CESÓ

"Él despertó, reprendió al viento,
y dijo al mar," Tranquilo!
El viento cesó y hubo una gran calma. "

MARCOS 4:39

Sí, mis palabras tienen poder. Hasta el viento y la tormenta me obedecen. Tus palabras también tienen poder. Tus palabras pueden construir o lastimar a otra persona. Tus palabras pueden alentar o poner miedo en los corazones de la gente. Tus palabras pueden curar o destruir a otra persona. Así que usa tus palabras sabiamente. No digas nada que sea hiriente o no amoroso. Nunca puedes devolver tus palabras. Una vez que se hablan, no hay vuelta atrás. Mi hijo amoroso, siempre piensa antes de hablar.

Señor, por favor guarda mis labios.
Ayúdame a usar mis palabras
sabiamente, según tu voluntad.

SANTA MONTAÑA

"No habrá daño ni ruina en mi santo monte;
Porque la tierra será llena de
conocimiento del Señor,
como el agua cubre el mar. "

ISAÍAS 11: 9

En mi visión vi una gran montaña cubierta de nieve, como el monte Fuji. Cuando comencé a subir la montaña al principio era fácil porque no era demasiado empinada. A medida que iba más y más arriba, el terreno se llenó de rocas y nieve. Era muy difícil y frío. Finalmente cuando llegué a la cima de la montaña la vista a mi alrededor era impresionante.

Vi un gran águila volando. Debe haber sido el Espíritu Santo quien me guió todo el tiempo, aunque yo no sabía que estaba allí hasta que llegué a la cima. Fue en ese momento que pude ver el mundo desde el punto de vista de Dios. Era tan tranquilo y todo parecía tan hermoso. Yo sabía que sólo llegué allí porque seguí a Jesús que se adelantó a mí. Nunca podría haberlo hecho solo.

Gracias, Dios, por esta hermosa visión.
Siempre lo atesoraré.
¡Eres un Dios maravilloso!

LOS DESPIDIÓ

"Él les reprendió y no les permitió hablar
porque sabían que él era el Mesías."

LUCAS 4:41

El conocimiento de la cabeza no es lo mismo que el conocimiento del corazón, mi hijo. Conocerme no es lo mismo que adorarme. Los demonios saben quién soy, pero se niegan a adorarme. Por eso los reprendí. Eres mi hijo; Me conoces y me amas Yo nunca te reprenderé ni te impediré hablar las buenas nuevas a los demás. Me honras con tus buenas obras. Me traes a otros. Tú eres mi hijo precioso en quien me complazco.

Señor, te amo con todo mi corazón.
Protégeme de todos los malos.
Ayúdame a proclamar tus buenas nuevas a todos.

PESCADOR DE HOMBRES.

"No tengas miedo; Desde ahora serás pescador de hombres. "

LUCAS 5:10

Mi preciosa hija, si haces todo lo que te digo, también te impresionarás por los resultados de tu trabajo como lo fueron mis discípulos Pedro y Juan. Porque tengo un plan para edificar mi reino en la tierra. Sé cuándo es un buen momento para que tú puedas bajar tu red con el fin de obtener una buena pesca. Conozco el mejor lugar para atrapar a los hombres.

Si solo aprendes a escuchar y a seguir mi guía en cada proyecto que hagas por mí traerá muchas almas para mí. Es mi mayor deseo que tú y todos mis discípulos disfruten la fiesta de bodas conmigo en mi reino. Ven, mi sierva fiel.

Aquí estoy, Señor.
Vengo a hacer tu voluntad.
¡Que venga tu reino!

SIN DEFECTO.

"Pero ahora, él los ha reconciliado en el cuerpo carnal de su Hijo, entregándolo a la muerte, a fin de que ustedes pudieran presentarse delante de él como una ofrenda santa, inmaculada e irreprochable. "

(COLOSENSES 1:22).

Mantente puro y sin pecado, hija mía. Póngase en Cristo. Imagínate vestida con esta radiante ropa blanca que te di en el día de tu bautismo.

Mantenla sin mancha siempre. Aprende a vivir una vida sin odio ni resentimiento. Llénate de la luz de Cristo porque has sido lavada por el agua y la sangre de Cristo. Has sido rescatada de la esclavitud del pecado. Así que ahora ve y vive una vida que irradie a Cristo, una vida llena de amor y alegría.

Señor, déjame extender tu amor a los demás.
Ayúdame a ponerme en Cristo.
Mantenme pura y sin mancha.

PAN SIN LEVADURA

"Por tanto, celebremos la fiesta, no con la levadura vieja, la levadura de la malicia y la maldad, sino con los panes sin levadura de la sinceridad y la verdad."

1 Corintios 5: 8

Hija amorosa, sé mi pan sin levadura. Estar sin orgullo hinchado en todo lo que haces por mí. Que cada palabra y hecho sean verdaderos y sinceros. Sólo entonces serás realmente agradable para mí. Permite que tu propósito sea puro y simple. Enfoca cada trabajo que hagas por mí con alegría. Amo a un dador alegre. Un corazón alegre es un corazón sincero. Haz todo en mi nombre. Haz todo con amor en tu corazón. Hacer todo sin esperar ninguna recompensa de los demás. Tu Padre ve todo lo que haces y te recompensará cien veces. Él sabe lo que está en tu corazón. Conoce tus motivos y buenas intenciones. Él ve la verdad. Así que no tengas miedo de salir y hacer el bien a los demás. Estoy contigo siempre.

Señor Jesús, es una alegría y un deleite trabajar para ti todos los días. Tú eres mi fuerza y mi propósito en la vida.

FUE TRASPASADO

> *"Pero él fue traspasado por nuestras*
> *ofensas, aplastado por nuestros pecados,*
> *sobre él fue el castigo que nos hace enteros,*
> *por sus heridas fuimos sanados."*
>
> Isaías 53: 5

En mi visión vi a un soldado golpeando un gran clavo en la mano de Jesús. Con cada golpe, mi corazón dolía y yo cubría mis ojos que estaban llenos de lágrimas y tristeza. Jesús me dijo: "Hija Mía, no llores por mí. Llora por tus pecados. Todo pecado me causa tanto dolor como este clavo que fue penetrado en mí. Te amo y de buena gana sufro por ti para que un día te liberen y me unan al cielo donde no tendrás más lágrimas ni dolor.

Por eso dije: 'Si me amáis guardaréis mis mandamientos.' Todo el que no guarda mis mandamientos ha pecado contra mi Padre. Cuando guardéis mis mandamientos, seréis liberados y tendréis una vida llena de libertad y alegría".

> *Señor Jesús, gracias por todo el sufrimiento*
> *que has soportado por mi causa. Te amo*
> *con todo mi corazón. Estoy profundamente*
> *arrepentida de todos mis pecados.*

ESPÍRITU SANTO

"Porque es por medio del Espíritu Santo que este niño ha sido concebido en ella."

MATEO 1:20

Mi hija preciosa, tú también tienes el Espíritu Santo. También puedes decir "Sí" como mi madre María y llevarme en tu corazón. Cada vez que me traes a otros, traes esperanza y alegría a ellos. Cada vez que me dejas emplearte, te conviertes en mi sierva fiel. El Espíritu Santo mora en ti y te pedirá que hagas todo con gran amor. Cada pequeño acto será para mi honor y gloria. Toma el ejemplo de mi madre María. Ella es un modelo perfecto para ti.

Te amo, Jesús, María y José.
Esté conmigo hoy y todos los días.
Ven, Espíritu Santo, y llena mi corazón con tu amor.

TERRENAL

> *"Pongan a la muerte, pues, las partes de*
> *ustedes que son terrenales: la inmoralidad,*
> *la impureza, la pasión, los deseos malos*
> *y la codicia que es la idolatría."*
>
> COLOSENSES 3: 5

En mi visión me vi escalando una montaña rocosa. Cuantas más cosas llevaba, más difícil era para mí subir a la cima. Jesús me dijo: "Hija Mía, esto es lo que sucede cuando te apegas a las cosas terrenales y a los deseos pecaminosos. Te arrastrarán hacia abajo. Ellos le distraerán de alcanzar su meta que es la vida eterna conmigo. Qué alegría tendremos cuando finalmente llegue a la cima. Te ayudaré en el camino, pero, no puedo deshacerte de tu equipaje. Debes estar dispuesta a desecharlo tú misma. Descarga todos tus archivos adjuntos; Ven y sígueme".

> *Señor, no puedo esperar para estar contigo*
> *por la eternidad. Ayúdame a vaciarme para*
> *poder alcanzarte en lo alto de la montaña.*

AMA A TUS ENEMIGOS

"Ama a tus enemigos, haz bien a los que te
aborrecen, bendice a los que te maldicen,
ruega por los que te maltratan."

LUCAS 6: 27-28

Hija Mía, tus enemigos son mis hijos también. La única manera de tratar a tus enemigos es amarlos como los he amado. Yo morí en la cruz por todos, judíos, gentiles, musulmanes, paganos y todos. Por lo tanto, no tengas odio por nadie. Sólo el amor producirá su conversión. Sólo el amor cura y une a todos. Es mi mayor deseo que todos sean uno como mi Padre y yo somos uno. Así que ve y ama, ama y ama. Ama incluso a tus enemigos.

Señor Jesús, dame un gran corazón como el tuyo,
para que yo pueda amar a todos. Ayúdame
a ser más compasivo y misericordioso.

EN SU IMAGEN

> *"Dios creó al hombre a su imagen;*
> *En la imagen divina lo creó;*
> *Varón y hembra los creó. "*
>
> GÉNESIS 1:27

Mira en el espejo, mi hija preciosa. ¿Que ves? Veo una hermosa alma creada a mi imagen y semejanza. Veo una alma capaz de amar a los demás, incluso a aquellos que no conocen. Veo un alma dispuesta a perdonar ya arrepentirse. Todas las cualidades que Jesús mencionó en el Monte de las Bienaventuranzas son las cualidades de un alma. Conmigo puedes ser un pacificador, una persona misericordiosa y alegre, una persona llena de gratitud dispuesta a dar su vida por mí y por los demás. Por eso, cuando creé a Adán y Eva, dije: "Es muy bueno." Estoy muy contento con toda mi creación, especialmente con usted, mi preciosa niña. Cuando te veo, veo a mi Hijo, Jesús, en ti. Vive con esta imagen en tu corazón.

> *Mi amoroso Padre, gracias por haberme*
> *creado a tu imagen y semejanza.*
> *Gracias por darme la vida. Gracias*
> *por amarme como a tu hijo.*

SUBE Y CAMINA

"Pedro dijo:" No tengo plata ni oro, sino lo que tengo te doy: en el nombre de Jesucristo, el Nazareno, levántate y anda ".

Hechos 3: 6

Hija Mía, te he dado el poder de sanar como Pedro y Juan y todos mis otros discípulos. ¿Recuerdas cuando envié 72 y regresaron regocijándose? Estaban tan felices cuando pudieron curar y expulsar demonios en mi nombre. Sí, mi nombre tiene poder. Cada vez que me llamas, estaré allí para ti. Tus manos se convertirán en mis manos; Tus palabras serán mis palabras.

Mis palabras tienen poder para sanar y restaurar. Serás como este hombre lisiado que saltó después de que Pedro oró en mi nombre. Sus piernas se fortalecieron y pudo seguir a Pedro al templo. Esta es mi voluntad. Este es mi deseo de que la gente se sane y pueda entrar en mi templo para alabar a Dios. Ve y haz lo mismo.

Señor Jesús, sé que eres nuestro sanador y nuestro redentor. Ayúdame a tener el valor de seguir el ejemplo de Pedro y no tener miedo de orar con los demás por la curación.

ALEGRÍA GLORIOSA

*"Aunque no lo has visto, lo amas; Aun cuando
no lo veas ahora, aún crees en él, te regocijas con
un gozo indescriptible y glorioso, al alcanzar el
objetivo de tu fe, la salvación de tus almas. "*

1 Pedro 1: 8-9

En mi visión vi a una pareja real de la boda de pie en
el balcón del palacio ondeando delante de una gran
multitud de personas. Se besaron y sonrieron con total
alegría. Jesús me dijo: "Hijo amoroso, este es el gozo que
experimentarás cuando entres en mi reino. Usted será
recibido en mi banquete de bodas. Un enorme banquete
será preparado para usted. Estaré de pie a tu lado en el
balcón, saludando a todos los santos que ya han alcanzado su meta de salvación. Tu corazón se desbordará
de alegría. No por todo el pueblo que anima por ti, sino
porque finalmente has llegado a la unión conmigo. Nos
convertimos en uno. Nuestro amor por los demás es
como la novia y el novio en su visión."

*Te amo, Señor, con todo mi corazón,
mente, cuerpo y alma. Me has llenado de
tanto amor y gozo. Alabado sea Jesús.*

CAMINOS DE VIDA

> *"Me has dado a conocer los senderos de la vida; Me llenarás de gozo en tu presencia. "*
>
> HECHOS 2:28

En mi visión me vi caminando detrás de Jesús que estaba despejando el camino delante de mí a través de una selva. Él me dijo que lo siguiera de cerca y no se preocupara. A medida que el camino se hacía más difícil y fangoso, él me llevaba para que no me hundiera en el barro. Cuando el camino conducía a un hermoso lugar con flores me dijo que descansara y disfrutara del paisaje.

Al final del camino, llegamos a la playa y vi un hermoso cielo azul y océano como los que he visto en Hawai. ¡Qué alegría! Sabía que estaba en el cielo. Jesús me dijo: "Hijo amoroso, esta visión te mostró que mientras estés conmigo no tienes nada que temer porque te protegeré y te guiaré por toda tu vida. Mientras permanezcas cerca de mí, no tendrás preocupación alguna. Estarás lleno de mi amor y gozo."

> *¡Qué hermosa visión! Señor Jesús, permíteme recordar siempre que estás caminando delante de mí. No tengo nada que temer.*

TRABAJO PARA LA ALIMENTACIÓN

> " *Trabajen, no por el alimento perecedero, sino por el que permanece hasta la Vida eterna, el que les dará el Hijo del hombre; porque es él a quien Dios, el Padre, marcó con su sello».*"
>
> JUAN 6:27

Mi preciosa niña, la comida terrenal sólo nutre su cuerpo. Pero dentro de unas horas usted tendrá hambre de nuevo. El alimento espiritual es mi cuerpo y mi sangre. Cuando comes mi cuerpo y bebes mi sangre tendrás vida eterna y nunca tendrás hambre y sed otra vez. Serás llena del Espíritu Santo y te sentirás satisfecha. Tu alma será nutrida y transformada en mi semejanza. Estarás lleno de mi gracia y poder como lo fue San Esteban. Tu rostro resplandecerá con la luz de Cristo. Tendrás el celo de proclamar mis buenas nuevas a los demás. Serás capaz de soportar todo el dolor y el sufrimiento por mi bien. Trabaja por comida que no perezca y estarás satisfecha.

Trabajar para ti, Señor, es mi deleite;
Porque tu trabajo es fácil y tu yugo es ligero.

COMO UNA OVEJA

"Como oveja fue llevado al matadero;
y como cordero que no se queja ante
el que lo esquila, así él no abrió la boca.

HECHOS 8:32

En mi visión vi a Jesús clavado en la cruz. Abrió la boca con dolor, pero no salió sonido. Jesús me dijo: "No hay mayor amor que el que da su vida por otro. De buena gana morí en la cruz por ti, mi hija amorosa. Quiero que tengas la vida eterna conmigo en el cielo. El amor es sacrificar por otro. Una madre pasa por un trabajo duro con dolor para dar a luz a su hijo. Un padre trabaja día y noche para proveer a su familia.

El verdadero amor es dar y sacrificar por el bienestar de otro. No hay atajo. El amor requiere sacrificio. Como una oveja, de buena gana cedí mi vida por ti en la cruz. Eres preciosa para mí. Te he redimido con mi cuerpo y mi sangre. Cada vez que comes mi cuerpo y bebes mi sangre te darás cuenta de cuánto te amo."

Señor Jesús, estoy eternamente agradecido
por lo que has hecho por mí.
No permitas que me separen de ti.

ESCRITURAS

"Entonces él abrió sus mentes para entender las escrituras."

Lucas 24:45

Hija mía, lee las Escrituras como mis cartas de amor. Cada palabra en las Escrituras tiene significados profundos y profundos. Hablan la verdad. Ellas revelan lo que es real en el mundo espiritual. Léelas diariamente y abrirán tus ojos. Las Escrituras te iluminarán en todo lo que hagas. Ellas abrirán tu corazón y mente para ver la realidad según el punto de vista de Dios. Te mostrarán soluciones a tus problemas de nuevas maneras. Abrirán puertas a las áreas de la vida donde estás luchando y teniendo dificultad. Ellas traerán bendiciones para ti y a tu familia. Mis palabras te liberarán. Ellas te transformarán y te cambiarán a mi imagen y semejanza. Serás conducida a través de la Escritura a mi reino. Las escrituras son el camino a mi corazón. Léelas a menudo. Reflexiona en tu corazón.

Señor, me encanta leer las Escrituras.
Tus palabras no tienen precio.
Gracias por darme un tesoro tan maravilloso.

ESPADA

"He aquí, este niño está destinado a la caída
y resurrección de muchos en Israel ya ser un
signo que será contradicho y tú mismo una
espada traspasará para que los pensamientos
de muchos corazones sean revelados."

LUCAS 2: 34-35

Mi preciosa hija, trae todos tus sufrimientos y los uniré con mi corazón. Es sólo a través del sufrimiento que crecerá. Su corazón se ablandará con compasión y misericordia. Cada sufrimiento es precioso. Abraza todas tus pruebas y te fortalecerás espiritualmente a través de tu sufrimiento. Sin dolor no hay ganancia. Con el sufrimiento sabrás lo que otros pasan. Comprenderá tu corazón. Serás capaz de ayudarlos. Sin sufrimiento, no hay redención ni sanación. Así que soportar todo. Rendir todo. Sólo entonces tu corazón se unirá con el nuestro.

Amando a Jesús, te doy mi corazón.
No permitas que me separen de ti.

GRAN AMOR

"Así que yo os digo, sus muchos
pecados han sido perdonados;
Por lo tanto, ella ha mostrado gran amor. "

LUCAS 7:47

El amor cubre todos los pecados. No te concentres en tu propia pecaminosidad, sino en cuanto te amo. Mi amor sana todos los corazones rotos. Mi amor supera toda pecaminosidad. Es como la nieve que cae en una calle sucia. El suelo será limpiado por la nieve derretida. No más suciedad, no más suciedad. Todo limpiado por la nieve blanca pura. El amor vence todo mal. El amor puede cambiar a una persona de la oscuridad a la luz. El amor derrite todo el odio, el resentimiento y la ira. El amor trae alegría y sanidad. El amor nunca falla. El amor lo conquista todo. Sea mi amor a cada uno que usted resuelve cada día. Dadme mis bendiciones. Llévelos con mi amor. Que cada día sea un día de gran amor. Sé mi corazón. Ser mis manos para sostener y abrazar a todos los que necesitan mi amor.

Sí, Señor, yo iré y extenderé tu amor
a todos los que conozco hoy.
Eres todo lo que necesito. Dame
más de tu amor curativo.

COMPAÑEROS DE JESÚS

"Observando la audacia de Pedro y Juan
y percibiéndoles que no eran instruidos, los
hombres ordinarios, los líderes, los ancianos
y los escribas estaban asombrados, y los
reconocieron como los compañeros de Jesús."

HECHOS 4:13

¿Eres mi compañera? ¿Disfrutas sentada y hablando conmigo? ¿Estás sola cuando estás lejos de mí? ¿Me extrañas? Me encantaría ser tu compañero. Invítame a tu vida diaria. Me gusta compartir mis pensamientos contigo en todo. Me gusta ir a lugares contigo y conocer a todos tus amigos. Me gusta sentarme a tu lado mientras estás descansando. Me encantaría comer contigo y escuchar todas tus alegrías y problemas. ¿No te das cuenta de que te añoro? Todas las mañanas vienes a recibirme en el Eucaristía. Pero cuando estás fuera de la iglesia parece que vives tu vida sin mí. ¿Puedes ver cuánto disfruto tu compañía? Te amo más de lo que puedas imaginar.

Señor Jesús, estoy profundamente arrepentido
por no invitarte a todos los ámbitos de mi vida.
Por favor sé mi compañero hoy y todos los días.

HUMILDE

"Cuando se trata de los arrogantes, él es severo,
pero a los humildes muestra bondad."

PROVERBIOS 3:34

Mi preciosa niña, humildad significa total dependencia de mí. Una persona arrogante piensa que puede hacer todas las cosas bien por sí mismo. Pero una persona humilde es alguien que conoce su verdadera habilidad. Sin mí no puedes hacer nada. Todo lo que tienes es dado por mi Padre. Una persona verdaderamente humilde conoce sus propias limitaciones y no estará orgullosa de sus propios esfuerzos.

Una persona humilde pide mi ayuda antes de que comience cualquier proyecto. Una persona arrogante sale sola y piensa que puede hacerlo todo sola. Una persona verdaderamente humilde es aquella que es comprensiva y amable. Él está dispuesto a escuchar y admitir cuando está equivocado. Él es compasivo con los demás. No juzga a los demás con dureza. Sigue mi ejemplo, hija mía, porque soy humilde y manso.

Señor, estoy desamparada sin ti.
Tú eres mi vida y mi salvación.
Ayúdame a ser humilde y manso como tú.

BEBE MI SANGRE

> *"Amén, te digo, a menos que comas la carne del Hijo del Hombre y bebas su sangre, no tienes vida dentro de ti. El que come mi carne y bebe mi sangre, tiene vida eterna, y yo lo resucitaré en el día postrero. "*
>
> JUAN 6: 53-54

Mi preciosa niña, ¿sabías que los judíos de la antigüedad no podían tener sangre en su comida? Por eso tuvieron que drenar toda la sangre de los animales antes de que pudieran comer la comida. Creían que la sangre era la esencia de la vida. Quienquiera que comiera un animal con la sangre en él estaría contaminado.

Todos los que beben mi sangre serán transformados a mi imagen y semejanza y tendrán vida abundante. Mi sangre te dará nueva energía, fuerza y poder para vencer todo mal. Mi sangre limpia todos tus pecados e incluso los pecados pasados cometidos por tus antepasados. Cuando *comes mi* cuerpo y bebes mi sangre es como recibir una transfusión de sangre. Te revitalizará y te acercarás más a mí. Te conviertes en mi pariente de sangre. Te conviertes en mi hija amorosa.

> *Gracias, Señor, por darnos tu cuerpo y sangre cada mañana en la misa. Siempre es lo más destacado de mi día.*

DESCANSADO

"Y Dios descansó en el séptimo
día de todas sus obras."

HEBREOS 4: 4

Descansa en mí, hija mía. Descansa sobre mí como lo hizo mi discípulo Juan en la última cena. Escucha el latido de mi corazón. Quédate cerca de mi. A menos que descanses, no puedes trabajar eficazmente para mí.

Es importante que duermas lo suficiente cada noche y descanses los domingos. Tu cuerpo lo necesita. Tu alma lo necesita. Necesitas pasar tiempo tranquila a solas conmigo. Simplemente sentarte a mis pies y poner tu cabeza en mi regazo. Yo te refrescaré y te renovaré. Yo te restauraré. Podrás lograr grandes cosas cuando descanses en mí. Sólo entonces estarás haciendo mi trabajo y cumpliendo todos mis deseos. Sólo entonces harás mi voluntad.

Gracias, Señor, por estar siempre allí
para mí, incluso en mi sueño.
Quiero descansar en tu corazón
misericordioso y divino.

ALEGRARSE

"Alégrate, jovencito, cuando seas joven, y se alegrará tu corazón en los días de tu juventud."

ECLESIASTÉS 11:9

Hija mía, no te preocupes por el mañana. Disfrute cada día como en su juventud. Sigue los caminos de tu corazón y regocíjate diariamente. Disfruta de todas las bendiciones que te he dado. Dale gracias por todo lo que tienes. Alabad a tu Padre amoroso, que te ha dado todo lo que necesitas. Dale gracias por nuestro amor por ti. Que todos tus días sean llenos del Espíritu Santo, como el sol que brilla sobre un pasto verde. Deja que tu boca cante canciones de alabanza como las aves en el aire. Que tus labios sean tan dulces como la miel y tu corazón tan puro como el oro. Que cada parte de tu cuerpo alabe a Dios porque te amamos con un amor eterno. Siempre estaremos allí para ti. ¡Alégrate y sé feliz.!

Señor, mi corazón canta de alegría.
¡Eres un Dios maravilloso!
Nunca podré agradecerte lo suficiente
por todo lo que has hecho por mí.

LO CORRECTO Y JUSTO

> " *Practicar la justicia y el derecho agrada*
> *al Señor más que los sacrificios.*
>
> " Proverbios 21: 3

Mi amada, cada acción que haces para complacerme vale más que cualquier sacrificio que puedas ofrecer para expiar tus pecados. Tus buenas acciones no sólo te beneficiarán a ti mismo, sino a todos los que te rodean. Estás construyendo activamente mi reino con tu bondad y misericordia hacia los demás. A los que aman mucho, mucho se les perdona. El amor trae alegría a mi corazón.

El amor sin acción es como una campana ruidosa. Sólo hace lo que es correcto y justo ante mis ojos lo que es agradable para mí. Cuando obedeces mis mandamientos y escuchas mis enseñanzas, estás actuando como mi hija y guardando tesoros en el cielo. Nada te pierdes cuando haces lo que he planeado para ti para cada día. Cuando sigas mis instrucciones, cada acción tendrá éxito. No pierda su tiempo lamentando lo que no has podido hacer, sino comienza cada día con una nueva página.

> *Padre amoroso, sólo quiero hacer lo*
> *que es justo y justo a tus ojos.*
> *Dame la sabiduría para seguir a tu*
> *hijo Jesús en todo lo que hago hoy.*

ESTE NIÑO

"El que recibe a este niño en mi nombre me recibe,
y el que me recibe, recibe al que me envió."

LUCAS 9:48

Cada niño es único. Cada niño necesita a alguien que lo guíe y le ayude. Lo que hagas al menos, lo haces a mí. Recibirlos en sus brazos. Abrazarlos y amarlos. La manera de demostrar cuánto me amas es amar a aquellos que son más vulnerables y menos amables. Sólo a través de amar a otros su corazón se expandirá. Usted verá la belleza en dar. Podrás recibir mi amor a través de ellos. Cuanto más das, más recibirás. Es una calle de dos sentidos. Tu vida se enriquecerá cuando ayudes a un niño a crecer a mi imagen y semejanza. Serás recompensado cien veces más. Dar generosamente. Amar profundamente.

Señor, llena mi corazón de amor y
compasión por todos. Abre mis ojos para
permitirme verlos como los ves.

MI SIRVIENTE

"Tú eres mi siervo, me dijo: Israel,
por quien muestro mi gloria."

Isaías 49: 3

En mi visión me vi como un sirviente con un delantal blanco y un sombrero blanco. Me paré delante de mi amo, esperando su orden. Jesús me dijo: "Mi hija preciosa para ser una sierva fiel, primero debes escuchar lo que te digo. Nunca hagas las cosas por tu cuenta sin antes consultarme y luego seguir mis instrucciones. Es importante que pases tiempo tranquilo escuchándome antes de comenzar cualquier proyecto o tareas. Sólo entonces serás verdaderamente mi sierva. Sólo entonces te convertirás en un eficaz trabajadora mía. Sin pasar tiempo de calidad a solas conmigo primero, Estarás ocupada haciendo tu propia agenda y tu propia voluntad. Para ser mi fiel sierva, debes llevar a cabo mi misión hasta el final como lo hicieron la Madre Teresa y el Papa Juan Pablo II. Significa mucho sufrimiento y sacrificio. Ve y haz lo mismo.

Aquí estoy, Señor, vengo a hacer tu voluntad.
Por favor, dame la fuerza para llevar a cabo todo
lo que has planeado hacer hasta el final de mi vida.

LLAME AL FUEGO

"Señor, ¿quieres que llamemos fuego
del cielo para consumirlos?"

LUCAS 9:54

Mi hija amorosa, conquista siempre el mal con amor. Nunca un ojo por ojo. Dad más a los que os aborrecen y os persiguen. Sólo a través del amor puedes conquistar al maligno. Sólo a través del sacrificio y el sufrimiento serás capaz de cambiar este mundo. El mal producirá el mal. El mal mata y destruye. El amor florece. No condenes a otros porque no conoces sus corazones. Algunas acciones pueden no parecer amorosas, pero su intención es pura.

Algunas acciones parecen muy honorables, pero su motivo puede ser malo. Entonces no juzgues y no serás juzgado. No dejes salir palabras de malicia de tu boca, sólo palabras de aliento y bondad. Tus palabras tienen poder. Puedes construir o destruir a una persona. Usa palabras de amor para edificar mi reino aquí en la tierra.

Padre amoroso, sólo tú tienes las palabras de la
vida eterna. Ayúdame a guardar mi boca antes
de hablar, para que pueda hablar de amor y
bondad a los demás, incluso a mis enemigos.

PROMESA

*"Cuando Dios hizo la promesa a Abraham,
ya que no tenía a nadie mayor por quien
jurar, juró por sí mismo, y dijo: 'De
verdad te bendeciré y te multiplicaré."*

HEBREOS 6: 13-14

¿Cómo no puedo bendecirte cuando cada mañana recibes el cuerpo de mi hijo Jesús en la Eucaristía? Tu carne ya no es tuya, sino que pertenece a Jesús. Sus pensamientos han sido cambiados y conformados a los pensamientos de mi hijo. Eres mi hija. Te amo tanto como amo a mi hijo Jesús. Las mismas palabras que pronuncié cuando Jesús fue bautizado en el río Jordán, les estoy hablando ahora: "Tú eres mi amada en quien me complazco." tus hijos son mis hijos. Los amo incluso más que tú los amas. Tu familia es mi familia. Bendeciré a cada uno de ellos con mi amor infinito. Ellos me conocerán a través de ti. Ten fe en mí y confía en mí.

*Padre amoroso, mi Dios y mi Señor,
tu amor por mí es más de lo que puedo
imaginar. Estoy tan bendecida por ser
tu amada hija. Te adoro y te adoro.*

MI VENCEDOR

"Pero en cuanto a mí, sé que mi Vindicador vive, y que por fin se levantará sobre el polvo."

JOB 19:25

Mi hijo amoroso, no soy tu perseguidor, sino tu redentor. Sólo quiero lo que es mejor para ti. Puedes confiar en mi. Ya he pagado el precio por tu salvación. No hay necesidad de temer. Estás en mi libro de la vida. Tu nombre está tallado en las palmas de mis manos. Nunca te olvidaré o te abandonaré porque tú eres mía. Que nadie te diga lo contrario. Tú eres una hija de Dios y moramos en ti. Tu cuerpo es nuestro templo santo. Cuídate. Siempre estaré a tu lado como un buen abogado que se asegurará de que recuperes tu libertad y obtengas todo lo que mereces tener. Yo soy tu vencedor, libertador y asistente. Puedes apoyarte en mí y confiar en que todo estará bien.

Señor Jesús, te agradezco por redimirme y salvarme. Siempre confiaré en ti. Tú es el salvador del mundo.

OCTUBRE

ÁNGELES EN EL CIELO

> *"Mirad que no menospreciéis a uno de estos*
> *pequeños, porque os digo que sus ángeles en el cielo*
> *miran siempre el rostro de mi Padre celestial."*
>
> Mateo 18:10

Mi hija preciosa, tu ángel de la guarda está siempre contigo. Nunca estás sola. Cada ser humano tiene un ángel de la guarda, pero no todo el mundo escucha o presta atención a su ángel. Los que lo hacen son bendecidos. Los ángeles son mensajeros de Dios y sólo quieren lo que es mejor para ustedes. Esté atento a su presencia. Llame a ellos cuando usted está en necesidad.

Cuando ores, imagina que tus oraciones sean llevadas en un tazón por tu ángel directamente a mi Padre celestial. Cada oración es escuchada. Cada petición es importante para mi Padre. Él está preocupado por ti tanto como yo estoy contigo. Tu ángel nunca te dejará. Está siempre a tu lado. El te vigila día y noche, porque tú eres precioso para nosotros.

> *Mi ángel de la guarda, mi protector y mi guía,*
> *te agradezco por estar siempre allí para mí.*
> *Por favor reza por mi.*

SEMILLA DE MOSTAZA

"Si tienes fe del tamaño de una semilla
de mostaza, dirías a esta mora:
'Arráncate y plántate en el mar', y te obedecerá."

LUCAS 17: 6

La fe es creer en mí. Para mí, nada es imposible. Mira una pequeña semilla que he creado. Puede florecer en un árbol grande que lleva hermosas hojas verdes y jugosas frutas. Cuando tienes fe en tu corazón, también puedes hacer grandes cosas. Será fácil para ti con mi ayuda. Todo lo que toca se puede cambiar. Recuerda cómo la sombra de Pedro sanó a un enfermo que tenía fe en él. Así es con vosotros, cuando tenéis plena fe y confianza en mí. Todo el poder viene de mí. Nunca se separe de mí. Sin mí, no puedes hacer nada. Conmigo, podemos cambiar el mundo.

Señor, tú eres el obrero milagroso.
Tienes la palabra eterna.
Creo en ti y confío en ti.

MOVIDO CON COMPASIÓN

"Pero un viajero samaritano que vino sobre él se movió con compasión ante la vista."

LUCAS 10:33

Hija amorosa, deja que tu corazón se abra. No tengas miedo de sufrir o sacrificar por el amor de los demás. Sólo a través del amor tendrás gozo en la vida. No es lo que haces por mí o por otros que importa, sino por la condición de tu corazón. Sin amor, todo se hace en vano. Con amor, todos los actos de misericordia y compasión son como perlas recogidas en el cofre del tesoro en el cielo.

No se pierde nada. Misericordia y compasión son lo que quiero. El amor y el perdón son lo que importa. Muchas obras se hacen por orgullo. Sólo las obras hechas en nombre de la misericordia y la compasión son el verdadero amor. Haz todo acto con gran amor y compasión por los demás. No hay mayor amor que el de poner la propia vida para los demás. Sígueme en todo lo que haces. Sigue mi ejemplo en tu vida diaria. Ama apasionadamente. Amor sin cesar.

Transforma y cambia mi corazón, oh Señor.
Moldéame a tu semejanza.
Lléname de tu amor y compasión.

ANIMADO Y PREOCUPADO

Marta, Marta, estás ansiosa y preocupada
por muchas cosas. Hay necesidad de
una sola cosa. María ha escogido la
mejor parte y no se la quitará. "

Lucas 10: 41-42

Cuando enfocas tu energía en cosas mundanas te sentirás ansiosa y preocupada. Pero cuando centras tu atención en mí y en las cosas celestiales experimentarás la paz. Todo en este mundo está pasando mientras que las cosas espirituales son eternas. Cuando veas el cuadro grande con mis ojos no estarás preocupado por nada porque sabrás que estoy en control. Conmigo a tu lado no tienes nada de qué preocuparte. Aunque todo pueda parecer caótico conmigo, hay paz. Me preocupo por cada detalle en su día. Conozco todos los cabellos de la cabeza. No hay nada que suceda en tu vida que no conozca. Así que centra tu día conmigo a tu lado.

Señor, quiero sentarme a tus pies como
María y escuchar tus palabras de
sabiduría. Lléname de tu paz.

AMIGO

"Amigo, préstame tres panes, porque un amigo mío ha llegado a mi casa desde un viaje y no tengo nada que ofrecerle".

LUCAS 11: 5-6

En mi visión vi a un hermano mayor sosteniendo la mano de su hermana pequeña caminando por la calle. Jesús me dijo: "Mi hija preciosa y mi buena amiga. Soy tu hermano mayor que te ama más de lo que puedas imaginar. Estoy siempre listo para protegerte y guiarte. Dame tu mano y yo te guiaré. Te ayudaré en cada paso del camino. Puedes contar conmigo estando siempre a tu lado. Te sostendré cuando estés cansado y agotado. Te ayudaré a subir las empinadas colinas. Te llevaré cuando ya no puedas caminar. Eres mi amiga y mi tesoro. Nunca te dejaré. Siempre estaré a tu lado. Te consolaré cuando estés triste y te regocijarás cuando seas feliz. Yo te daré descanso cuando estés cansada. Apóyate en mí."

¡Qué buen amigo tengo en ti, Jesús!
Eres más preciosa que joya.
Te agradezco por ser mi amigo.

MALDICIÓN

"Cristo nos rescató de la maldición de la ley
convirtiéndonos en una maldición por nosotros,
porque está escrito:" Maldito sea cualquiera que
cuelgue de un árbol ", para que las bendiciones
de Abraham sean extendidas a los gentiles
por medio de Cristo Jesús, Podemos recibir la
promesa del espíritu por medio de la fe. "

GÁLATAS 3: 13-14

En mi visión vi una balanza para medir las cosas. Por un lado tenía todas las bendiciones y en el otro lado tenía todas las maldiciones. Cuando las bendiciones eran abundantes, las maldiciones cayeron de la escala. Jesús me dijo: "Tú tienes todas mis bendiciones, hija mía. No hay lugar para maldiciones en tu vida, porque eres mía. Sólo las bendiciones te seguirán todos los días de tu vida. Sé una bendición para los demás. Ayúdalos a deshacerse de cualquier maldición que se les haya impuesto. Tienes el poder y la capacidad de eliminar todas las maldiciones en mi nombre. Usa la autoridad que he dado a todos mis hijos. Vierte tus bendiciones sobre todos. Estoy contigo."

Gracias, Señor, por morir en la cruz por mí
y por liberarme de todas las maldiciones.
Me siento tan bendecida.

BAUTIZADO EN CRISTO

"Porque todos los que habéis sido bautizados
en Cristo, os habéis revestido de Cristo"
(GÁLATAS 3:27).

Hija Mía, en el momento en que fuiste bautizada en Cristo, todos tus pecados fueron lavados. Entonces el Espíritu Santo descendió sobre ti. A partir de ese día, te convirtió en nuestra hija. Mi Padre celestial está muy complacido contigo. Empezaste a actuar como yo y hablar como yo. Tu boca hablará la verdad. Tu corazón amará como el mío con misericordia y compasión. ¿Ves cuánto te pareces a tus hermanos y hermanas? ¿Ves cómo te ríes tanto? ¿Ves cómo hablas con un acento similar? Esto es lo que sucedió cuando ustedes fueron bautizados en Cristo. Ustedes son transformados a mi imagen y semejanza. Tus pensamientos son como mis pensamientos. Tu corazón se regocija como el mío.

Señor Jesús, quiero ser como tú cada día más.
Cámbiame y moldéame.

DAR GRACIAS

*Diez fueron limpiados, ¿no? donde están
los otros nueve? ¿Acaso no ha regresado
otro extranjero a dar gracias a Dios?* «

LUCAS 17: 17-18

Los diez leprosos fueron sanados. Pero sólo uno fue salvado porque esta persona se dio cuenta de quién soy. Él
creía en mí y estaba agradecido por lo que había hecho
por él. Su fe en mí lo salvó. Quien cree en mí y me llama
Señor es salvado. Un corazón agradecido conduce a la
conversión. Dale gracias por todo lo que he hecho por
ti. Un corazón agradecido es un corazón cariñoso. Un
corazón agradecido es un corazón gozoso. Hija mía,
vive cada día con un corazón agradecido y alegre. Eres
especial para mi. Siempre voy a proporcionar todas
sus necesidades. Sé como este extranjero; Tienen total
confianza en mí. Todo lo que necesitas hacer es pedir y
concederé los deseos de tu corazón. Mi corazón compasivo escucha todas tus oraciones y peticiones. Pide y da
gracias.

*¡Tú eres mi Dios todopoderoso! Te amo
Señor con todo mi corazón. Te agradezco
y te alabo todos los días de mi vida.*

DAR ALMAS

"Mas en cuanto a lo que hay dentro, da limosna, y he aquí, todo será limpio para ti."

Lucas 11:41

Mi hija amorosa, cuando des limosna, está atenta a las necesidades de otras personas. Tendrás más amor y comprensión en tu corazón. Tu corazón se moverá con justicia y compasión. Cuando des limosna tu generosidad lavarás todos tus pecados. Cosecharás lo que has sembrado. Tu corazón se ablandará. En lugar de juzgar, su corazón se moverá con compasión. Un corazón generoso es un corazón amoroso. Tus pecados son perdonados porque has amado mucho. Hagas lo que hagas al menos, hazlo conmigo. Y nunca dejaré de pagarte por cada buena acción que has hecho a todos los que amo.

Serás bendecida en abundancia. Tus hijos e los hijos de tus hijos también serán bendecidos. Es como un efecto dominó. Lo que te rodea te afectará profundamente. Dad generosamente a todos los que te pidan.

Señor, dame un corazón generoso para que yo sea tan amoroso como tú con todos los necesitados. Ayúdame a dar limosna a todos los que me pidan.

FRUTA

"El fruto del Espíritu es el amor, la alegría, la paz, la paciencia, la bondad, la generosidad, la fidelidad, la mansedumbre, el control de sí mismo."

GÁLATAS 5: 22-23

En mi visión vi un árbol grande con diferentes frutas colgando de sus ramas. Jesús me dijo: "Primero debes desear el fruto. Entonces tienes que recogerlo del árbol y comerlo. Al consumir la fruta se convierte en parte de ti. Todas las frutas de este árbol son para ti, hija mía. Son para todos aquellos que los desean. Los frutos sólo crecen si el suelo es correcto y cuando se riega a menudo.

Ore y pida el Espíritu Santo a menudo. Invoca el nombre del Espíritu Santo cada vez que oras especialmente antes de comenzar cualquier proyecto o ir a algún lugar. Invítalo a tu corazón. Escucha sus indicaciones y su recompensa será grande. Estarás llena de su luz y de su poder sanador. Sé fructífera.

Ven, Espíritu Santo, ven.
Eres mi consolador y mi luz guía.
Lléname de tu amor, gozo y paz.

SANGRE DE CRISTO

> *"Porque si la sangre de los machos cabríos y de los toros y la aspersión de las cenizas de una vaca pueden santificar a los impuros para purificar su carne, ¿cuánto más la sangre de Cristo, que por el Espíritu eterno se ofreció sin mancha a Dios, Nuestra conciencia de obras muertas para adorar al Dios vivo. "*
>
> HEBREOS 9: 13-14

En mi visión vi que Jesús parecía estar trenzando un hilo rojo y blanco juntos. Entonces vi mi sangre mezclada con su sangre y unida con su agua viva. Jesús me dijo: "Yo soy un Dios de justicia y de amor. Por cada pecado que has cometido hay consecuencias. El salario del pecado es la muerte. Por eso tuve que derramar mi sangre y morir en la cruz por ti. Pagué tu rescate. Eres mía. Te cubrí con mi preciosa sangre. Te salvé de la condenación eterna. Te redimí del maligno. Ahora estás vestido con Cristo con mi luz. Ya no eres esclava del pecado, sino un preciosa niña cercana a mi corazón. Te has lavado con mi sangre limpia. Ve y no peques más.

> *Cordero de Dios, tú que quitas los pecados del mundo, ten misericordia de mí. Jesús, tú eres verdaderamente mi salvador y mi redentor.*

ESTEN UNIDOS

"Os ruego, hermanos, en el nombre de nuestro
Señor Jesucristo, que todos ustedes estén
de acuerdo con lo que dicen, y que no haya
divisiones entre ustedes, sino que estén unidos
en la misma mente y en el mismo propósito. "

1 CORINTIOS 1:10

En mi visión vi el universo moviéndose al unísono. Los pequeños planetas rodean los grandes soles. Cada sol se movía según el plan de Dios. Dios me dijo: "Así es con mi reino. Cada iglesia es como el sol. Está rodeado por todos los ministros de la iglesia. Todo el mundo gira alrededor de la iglesia. Todos están haciendo buenas obras para edificar mi reino. Todo el mundo es necesario para hacer de este universo un lugar mejor en el que vivir. Todo el mundo es llamado según mi plan. No debe haber celos y división, porque usted tiene un solo Dios y un solo Señor. Todo el que hace mi voluntad es un miembro de mi familia. "

Señor Dios, tú eres el creador de
este hermoso universo.
Te adoro y te adoro.

NIÑOS DE LA LUZ

"Vivan como hijos de luz, porque la luz produce
toda clase de bondad y justicia y verdad".

Efesios 5: 8-9

En mi visión vi a Jesús de pie en medio. Todos sus hijos estaban de pie en un círculo frente a él en el centro. Sus rostros brillaban con su luz. Sus espaldas estaban en la oscuridad. Cuando uno de ellos se alejó de Jesús, su rostro se oscureció y se alejó de la luz. Jesús me dijo: "Quédate cerca de mí, mi preciosa hija. Siempre se centra en mí. No me vuelvas la espalda. Porque sin mi luz andarás en tinieblas. Caerás y tropezarás. Cuando te encuentras perdida solo busca la luz. Siempre estaré allí para guiarte. Busca mi rostro y verás la luz. Sigue la luz y me encontrarás. Estoy en el centro de tu vida. Nunca te dejaré ni te desampararé.

Jesús, tú eres la luz del mundo.
Tú eres mi luz y mi salvación.
Sin tu luz, no hay esperanza.

FARISEO

"El fariseo tomó su posición y dijo esta oración
a sí mismo, 'Oh Dios, te doy gracias porque
no soy como el resto de la humanidad —
codiciosos, deshonestos, adúlteros — o incluso
como este recaudador de impuestos."

LUCAS 18:11

Hija mía, mira cómo se oraba el fariseo. No estaba allí para alabarme ni para agradecerme. Se trataba de sí mismo y lo bueno que era. Se sentía tan justo y tan perfecto a sus propios ojos. Él se consideraba mejor que otros, sobre todo mejor que el recaudador de impuestos que levantaba los ojos al cielo y pedía perdón a Dios.

Me rompe el corazón saber que hay muchas personas que oran como lo hizo este fariseo. Mi amorosa hija, nunca mires a los demás. Mi corazón sale a los modestos y humildes. Ellos serán llenos de mi gracia y poder. Ellos son los que elijo ser mis discípulos. Sigue su ejemplo. Confiesa tus pecados y sé humilde. Y os llenaré del Espíritu Santo.

Mi dulce Jesús, estoy profundamente arrepentido
de todos mis pecados. He sido orgulloso tantas
veces como este fariseo. Me he comparado con
otros. Por favor perdóname. Con tu ayuda, espero
nunca pecar contra ti que mereces todo mi amor.

EL PRIMERO

"El primero es esto: ¡Oye, Israel! ¡El Señor nuestro
Dios es solo Señor! Amarás al Señor tu Dios
con todo tu corazón, con toda tu alma, con toda
tu mente y con todas tus fuerzas. El segundo es
éste: Amarás a tu prójimo como a ti mismo. "
MARCOS 12: 29-30

En mi visión vi una gran cruz de madera. Jesús me dijo:
"Mi hija preciosa, esta cruz de madera es un ejemplo
perfecto para que aprendas a vivir cada día. La viga vertical es su amor por Dios y la viga horizontal es su brazo
extendiéndose a todos sus vecinos. Sin la viga vertical, la
viga horizontal caerá. Primero, debes estar lleno de mi
amor y fuerza antes de que puedas amar a los demás. Sin
mí no serás capaz de llegar a los no amados y los menos
de la sociedad. Se convertirían en una carga demasiado
pesada para llevar. Pero cuando tu amor esté fundado en
mí, como el rayo vertical de la cruz, serás capaz de llevar
tu cruz como lo hice el Viernes Santo. Quédate en mi
amor y yo en ti."

Señor Jesús, gracias por morir en la
cruz por mí. Tú eres mi salvador y mi
redentor. Enséñame a llegar a otros.

GRAN NACIÓN

"¿Para qué gran nación hay dioses tan
cercanos a ella como el Señor, nuestro Dios,
es para nosotros cuando lo invocamos?"

DEUTERONOMIO 4: 7

Mi preciosa niña, ¿ve cómo una colonia de abejas trabaja en armonía y sirve a su abeja reina? Cada abeja tiene un trabajo y es importante en la construcción de su panal. Así es con una gran nación que me sirve. Siempre estoy dispuesto a ayudarte cuando me rezas.

Cualquier nación que siga todos mis mandamientos prosperará porque mis leyes son para el bien de todos los que me sirven. Sin mis mandamientos no hay armonía ni paz, sólo caos y destrucción. Ora por tu nación, hija mía. Se está alejando lentamente de mí como lo hizo la gente en el Antiguo Testamento. Todo el mundo estaba haciendo lo que querían. Sin mí no hay salvación. Ora para que esta nación se arrepienta y vuelva a mí.

Oh Jesús, por favor, muéstranos el camino para
regresar a nuestro Padre que está en los cielos.
Bendice a esta nación y protégenos de todo daño.

NUNCA SERÉ

> *"Todo el que beba esta agua tendrá sed otra vez;*
> *Pero el que beba el agua que yo daré, nunca*
> *tendrá sed; El agua que yo daré será en él un*
> *manantial de agua que brota para vida eterna. "*
>
> JUAN 4: 13-14

En mi visión vi una corriente de agua corriente que bajaba de una montaña nevada. El agua era tan clara que podías ver cada guijarro y roca bajo el agua. Cualquier suciedad o barro se lavó con esta agua limpia y corriente. Fluía y fluía sin cesar. Había pequeños peces y pequeños animales alrededor de esta agua dulce.

Jesús me dijo: "Mi palabra es como esta fuente de agua. Siempre se está moviendo. Puede moldear y cambiar los corazones de las personas. Elimina toda tu culpa y vergüenza del pasado. Cura todas tus heridas y heridas. Refresca tu alma y fortalece tu cuerpo. Te da esperanza y alegría. Ven a mi agua viva todos los días y bebe profundamente. Yo te consolaré y te lavaré."

> *Señor, derrama tu agua viva en*
> *mi corazón. Líbrame de todos mis*
> *pecados. Jesús, tengo sed de ti.*

ME RECONOCE

"Todo el que me reconozca delante de los demás, el Hijo del Hombre reconocerá delante de los ángeles de Dios."

Hija mía, si fueras mi mejor amigo, ¿no te presentaría a todos mis amigos y familiares? Así es con nosotros. Si soy tu mejor amigo, ¿me presentarías a todos tus amigos y familiares? Llamo a la puerta de tu corazón. Anhelo ser una parte de su familia. Quiero unirme a tu círculo de amigos y ser reconocido como tu mejor amigo. ¿Cuándo hablas con tus amigos hablas a menudo de tus amados? ¿Soy uno de tus seres queridos? ¿Soy digno de tus alabanzas? Gracias por cada vez que me has reconocido delante de los demás. Nunca dejes de hablar de mí a los demás, amiga mía.

Eres mi mejor amigo, Señor Jesús. Eres digno de todas mis alabanzas. Gracias por ser mi amigo. Siempre te atesoraré y te reconoceré delante de los demás.

VIRTUD

*"Ninguno de los crímenes que cometió
será recordado contra él; Vivirá por
la virtud que ha practicado. "*

EZEQUIEL 18:22

En mi visión vi una hermosa prenda blanca. Jesús me dijo: "¿Ves esta prenda blanca y qué hermosa es? Las virtudes son como esta prenda blanca. Son agradables a Dios.

Cuando vives una vida virtuosa, todo lo que haces será agradable a mi Padre que está en los cielos. Sin embargo, cuando uno está lleno de pecado, la prenda blanca eventualmente se convertirá en un trapo. Sólo será apto para ser expulsado.

Mi querida hija, mantente alejada de cualquier maldad día tras día. Vaya a Dios para la reconciliación a menudo. Estoy siempre.

Para perdonarte y para lavarte con agua limpia. Mantén tu ropa blanca impecable. Practica tus virtudes de fe, esperanza y caridad diariamente. Sobre todo, ama a tu prójimo como yo te he amado. Ve en paz."

*Mi amoroso Padre, gracias por esta visión. Con tu
ayuda, espero mantenerme impecable. Ayúdame
a vencer todos mis caminos pecaminosos.*

VIGILANTE

"Bienaventurados los siervos que el señor
encuentra vigilantes a su llegada."

LUCAS 12:37

Mi preciosa niña, anhelo estar contigo por la eternidad. Ya he preparado un lugar para ti en el cielo. Sé paciente y atenta. Vendré cuando menos me esperes. Vive cada día como tu último día aquí en la tierra. No es cuántas tareas estás haciendo, sino cuántas almas que has amado, eso importa. Es el tiempo de calidad que pasas solo conmigo y con todos mis seres queridos lo que cuenta.

Estás sentada a mis pies y me escuchas. Es hacer la voluntad de mi Padre. No te preocupes ni tengas ningún tipo de angustia. No vengo a condenar sino a salvar. Vengo a darte la bienvenida a la casa de mi Padre. He preparado un banquete para celebrar con todos tus seres queridos. Vendré pronto.

Jesús, apenas puedo esperar ese día en que
te veré cara a cara y disfrutaré el banquete
contigo en el cielo. Jesús, yo confío en ti.

EN LLAMAS

> *"Yo he venido para prender fuego a la tierra,*
> *y como quisiera que ya estuviera ardiendo"*
>
> (LUCAS 12:49).

Hija mía, todos los que pidan el Espíritu Santo serán recompensados. Has preparado tu corazón para recibir el Espíritu Santo. Es mi deseo que todos sean llenos del Espíritu Santo. Pero mucha gente no cree en mí ni me ama. Sus corazones están cerrados. No puedo abrirlos a menos que me inviten.

Estoy a la puerta de sus corazones y llamo. Anhelo dar a cada uno mi Espíritu. Id y orad con todos los que están dispuestos a recibir. El Espíritu Santo te enseñará qué hacer y qué decir. Él te dará todos los regalos que necesitas para ser mi discípulo. No tenga miedo de salir. Enardécete por mí.

¡Ven, espíritu santo!
Ven y ponle fuego a nuestro corazón por Jesús.
Ven y renueva la faz de la tierra.

PERESERÁN

> " *Les aseguro que no, y si ustedes no se*
> *convierten, todos acabarán de la misma manera».*
>
> LUCAS 13: 5

En mi visión vi una casa infestada de termitas. Jesús me dijo: "Una persona con pecado es como una casa llena de termitas. Al principio sólo hay unas cuantas termitas pequeñas. Casi imperceptible. Pero si no son exterminadas y eliminadas gradualmente se extenderán a toda la casa. Muy pronto la madera estará llena de agujeros y comenzará a desmoronarse. Así es con el pecado. El pecado siempre comienza pequeño. Eventualmente afectará.

Cada parte de ti crece y crece. A menos que te arrepientas, puede destruirte. Cuanto antes confiesas tus pecados, más fácil es deshacerse de ellos. Cuanto más retengas tus pecados, más difícil es quitarlos de tu alma. Cuando vayas a la reconciliación derramaré mi preciosa sangre y misericordia de ti. Volverás a ser blanco como la nieve.

Gracias, Señor, por esta revelación.
Ahora puedo ver lo importante que es
confesarme lo más a menudo posible.
Siempre me recibes con los brazos abiertos.

DIOS DE JUSTICIA

> *"El Señor es un Dios de justicia, que no conoce favoritos. Aunque no es demasiado parcial con los débiles, sin embargo, oye el clamor de los oprimidos. "*
>
> Sirac 35: 12-13

Mi preciosa hija, soy un Dios de justicia, pero también soy un Dios de compasión y misericordia. Todos aquellos que tienen hambre y pobreza, sus oraciones siempre serán escuchadas. Mi corazón se dirige a todos los que están desvalidos y sufriendo. Porque fui tratado injustamente mientras era hijo de un carpintero. La gente me miró y me despreció. No tenían piedad hacia mí mientras me crucificaban en la cruz.

Pedí oraciones, pero mis discípulos se durmieron en el jardín de Getsemaní. Puedo relacionarme con todos aquellos que están oprimidos e indefensos. Oigo su grito. No tengas miedo de interceder por todos los que están sufriendo. Yo responderé a sus oraciones.

> *Mi Dios y mi Señor, usted tiene un corazón de compasión por los pobres. Siempre respondes a mis oraciones. Te alabo y te agradezco.*

LEVADURA

> " *Dijo también: «¿Con qué podré comparar el*
> *Reino de Dios? Se parece a un poco de levadura*
> *que una mujer mezcló con gran cantidad de*
> *harina, hasta que fermentó toda la masa».* "
>
> LUCAS 13: 20-21

La levadura es como tu fe, hija mía. Tiene que ser trabajada. Tiene que ser incorporado en su vida diaria. Tiene que alimentarse con oración, comunión y lecturas espirituales. Se necesita tiempo para ver el resultado. Se necesita esfuerzo y energía para fortalecer tu fe. A pesar de que comenzó muy pequeña que crecerá y afectará a todos a tu alrededor. Eres mi levadura que puedo usar para levantar a otros. No es tu propio esfuerzo, sino el mío el que deja toda la horneada. Todo lo que haces es rendirte y estar dispuesta a ser amasada y moldeada por mí. Tu alegría y recompensa será grande.

Soy todo tuyo, mi Señor.
Amásame y moldéame a tu imagen y semejanza.
Estoy aquí para hacer tu voluntad.

MALHECHORES.

> *No sé de dónde eres. Apártate de*
> *mí, todos los malhechores! "*
>
> LUCAS 13:27

¿Quiénes son los malhechores? Ellos son egoístas y egocéntricos y no siguen los mandamientos de mi Padre. Ellos hacen todo según sus propios corazones y deseos. No son obedientes a la voluntad de mi Padre. Piensan que no necesitan a Dios en sus vidas. Ellos no tienen la conciencia correcta. En sus mentes no hay bien ni mal. Pero tú, hija mía, eres obediente y agradable a mí.

Tu deseo es estar cerca de mí y servirme. Para ti, la vida en esta tierra es hacer la voluntad de mi Padre. Ven, mi sierva fiel. Ven y yo te alimentaré de mi cuerpo y sangre, porque tú eres mi hija amorosa. Te amo profundamente.

> *Señor Jesús, consagro mi vida a ti ya nuestro*
> *Padre que está en los cielos. Tú eres el*
> *centro de mi vida. Sólo quiero servirte.*

LUGAR DE LA VIVIENDA

"A través de él toda la estructura se mantiene
unida y crece en un templo sagrado en el Señor;
En él también vosotros estáis siendo edificados
juntos en una morada de Dios en el Espíritu."

EFESIOS 2: 21-22

En mi visión vi una casita construida con los anfitriones eucarísticos en lugar de ladrillos y morteros. Había humo saliendo de la chimenea. Jesús me dijo: "Mi hija preciosa, cada vez que recibes mi cuerpo y bebes mi sangre, estás edificando mi morada dentro de tu corazón. Una casa debe mantenerse limpia. ¿No limpias tu casa al menos una vez al mes?

Lo mismo ocurre con tu alma. Es importante ir a la reconciliación a menudo, al menos una vez al mes. No importa lo duro que trate de ser sin pecado, siempre hay polvo y suciedad. El humo en tu visión es el Espíritu Santo. Mantenga el fuego invocando el Espíritu Santo a menudo. De esta manera estarás lleno de sus dones de amor y cariño. El Espíritu Santo que habita en tu corazón será tu amor por todos los que me necesitan."

¡Guauu! Qué visión tan
impresionante. Gracias Jesús.
Te invito a morar en mi corazón.
Lléname con tu Espíritu Santo.

MI ORACIÓN

"Esta es mi oración: para que vuestro amor
crezca cada vez más en el conocimiento y
en toda clase de percepción, para discernir
lo que es valioso, para que seáis puros e
irreprensibles para el día de Cristo, llenos del
fruto de la justicia Que viene por medio de
Jesucristo para gloria y alabanza de Dios. "

FILIPENSES 1: 9-11

Cuando ores, hija mía, centra tu atención en mí. No hables con demasiadas palabras, pero ora de su corazón con palabras que gritan desde la profundidad de tu alma. Conozco todas tus necesidades y peticiones antes de pedir.

Lo que anhelo es tu amor y gratitud por mí. Que tus oraciones se llenen de alabanza y acción de gracias. La oración no siempre habla. Es como dos amantes que pueden sentarse uno al lado del otro y tomarse de las manos sin decir una palabra. Y sin embargo, sus corazones están contentos y están llenos de amor el uno por el otro. Eso es lo que anhelo de ti. Ven y siéntate a mi lado y escucha.

Jesús, mi amor y mi Rey. Mi corazón
anhela estar contigo. Vierta más de su amor
en mi corazón. Te adoro, mi Jesús.

EXALTA A SI MISMO

"Porque todo el que se enaltece será humillado,
pero el que se humilla será exaltado".

(LUCAS 14:11)

En mi visión vi a dos personas sentadas en un balancín subiendo y bajando. Jesús me dijo: "Hija Mía, la visión que acabas de ver te reveló que cuando te sientes en el extremo inferior del balancín, ciertamente serás levantado. Siempre es sabio ser humilde, porque en humildad serás exaltado. Serás alabado por todos. Pero cuando te sientes orgulloso, la gente que te rodea estará celosa de ti y se asegurarán de que bajes y caigas. Todo lo que tienes es de mi Padre. Todo lo bueno que haces es por mi gracia. Así que no hay nada de lo que pueda estar orgulloso excepto para agradecer y alabar a mi Padre. Él es el que da todo bien. Sé humilde como yo soy humilde."

Padre Celestial, te agradezco por tu amor y gracia.
Te alabo porque estoy maravillosamente hecho.
Todo lo que tengo es de ti, Señor.

SALVACIÓN

> *"Hoy la salvación ha llegado a esta casa*
> *porque este hombre también es descendiente de*
> *Abraham. Porque el Hijo del hombre ha venido*
> *a buscar y a salvar lo que había perdido. "*
>
> LUCAS 19: 9-10

La salvación es para todos, hija mía. Pero primero, debes venir y buscarme como Zaqueo. A pesar de que era un hombre rico, vestido con todas sus galas, no le importaba arruinar su costosa ropa y hacer un tonto de sí mismo por subir a un árbol para verme. Siempre entraré en tu corazón cuando me busques. Siempre traeré salvación a ti ya tu casa cuando me invitas a tu corazón. Por ti he sufrido y muerto en la cruz. Ser transformado. Arrepiéntete y cambia tus caminos como Zaqueo. Tu vida nunca será la misma cuando me invitas a tu morada.

¡Ven, Señor Jesús, ven!
Le doy la bienvenida con todo mi corazón.
Ven a vivir y cenar conmigo.
Te invito a entrar en mi alma.

DIGNO DE SUFRIR

> *"Así que dejaron la presencia del Sanedrín,*
> *regocijándose de que habían sido hallados dignos*
> *de sufrir deshonra por causa del nombre."*
>
> HECHOS 5:41

Mi hija amorosa, cuanto mayor es tu amor por mí, más estarás dispuesto a sufrir por mi causa. ¿Cuántas veces un padre ha dicho: "Ojalá pudiera estar enfermo en lugar de mi hijo". Da pena a los padres ver a su hijo con tanto sufrimiento cuando se está muriendo de cáncer o cualquier otra enfermedad grave. Después de Pentecostés, mis discípulos estaban llenos del Espíritu Santo.

Uno de los frutos del Espíritu Santo es el amor. Su amor por mí era tan grande que estaban dispuestos a morir como mártires en mi nombre. Así que pídele a mi Padre que te llene Espíritu Santo. Pídele que te llene de todos los dones y frutos del Espíritu Santo, especialmente con más amor por mí. Sólo entonces te regocijarás cuando sufres por mi causa. Pedid y se os dará."

> *Espíritu Santo, te invito a llenarme de todos*
> *tus dones y frutos para que pueda amar a Dios*
> *cada día más. ¡Ven, Espíritu Santo, ven!*

CONDUCIR A LOS CIEGOS

> *"Voy a guiar a los ciegos en su viaje;*
> *Por senderos desconocidos los guiaré. Yo*
> *convertiré las tinieblas en luz delante de*
> *ellas, y haré caminos torcidos rectos. "*
>
> Isaías 42:16

En mi visión me vi como un ciego colocando mi mano sobre el hombro de Jesús mientras me conducía hacia lo desconocido. Mientras caminábamos me hablaba de la condición del camino, si había piedras o peldaños. Jesús me dijo: "Mi precioso niño, déjame siempre caminar delante de ti. De esta manera te protegeré de todo daño.

Pon tu confianza en mí, porque nunca te extraviaré. Yo te guiaré y te llevaré al camino correcto. Nunca estarás perdida conmigo a tu lado. Agárrate a mí y nunca te separes de mí. No te distraigas de mí. Concéntrate en mí y sigue mis instrucciones. Nunca te abandonaré. Yo te traeré a la luz y a la verdad".

> *Señor, abrázame fuerte.*
> *Nunca me dejes separar de ti.*
> *Eres mi guía y mi protector.*

NOVIEMBRE

POBRE EN ESPÍRITU

"Bienaventurados los pobres en espíritu,
porque de ellos es el reino de los cielos."

MATEO 5: 3

En mi visión me vi como una jarra vacía. Porque yo estaba vacío, Dios fue capaz de derramar su gracia y misericordia en el frasco. Jesús me dijo: "Mi hijo precioso, nadie puede entrar solo en el reino de los cielos. Sólo los que están conmigo podrán entrar en mi reino. Los que están en contra de mí nunca podrán entrar en el cielo, porque el cielo está donde estoy.

Todos los que me aman y guardan mis mandamientos podrán entrar en mi reino y disfrutar de la vida eterna conmigo. Sólo con mi gracia y misericordia eres purificado y santificado. Los que están orgullosos y piensan que pueden ganar el cielo por su propio mérito serán decepcionados. Son como las bobas damas de honor que olvidaron el aceite para sus linternas. El aceite es mi gracia y misericordia. Sé humilde y ten hambre de mi amor."

Señor, sin ti no soy nada.
Espero con ansias el día en que pueda
reunirme con ustedes en su reino de los cielos.
Gracias por tu amor misericordioso por mí.

TODOS ESTÁN VIVOS

"Él no es Dios de los muertos, sino de los vivos, porque para él todos están vivos."

LUCAS 20:38

Hija Mía, cuando creé a Adán y Eva, tenía en mente que cada ser humano viviría conmigo por toda la eternidad. Pero cuando el pecado entró en el Jardín del Edén, todo cambió. Todos los que me aman y obedecen mis leyes disfrutarán de la vida eterna conmigo. Pero aquellos que se niegan a obedecerme y a amarme sufrirán el infierno. No es mi deseo enviar a nadie allí.

Pero aquellos que tienen tanto odio en su corazón se niegan a elegirme. Toda alma que he creado está viva, porque yo soy un Dios de los vivos. Vean lo felices que fueron el día en que sus hijos nacen. Ellos son su orgullo y alegría. Lo mismo ocurre con cada alma que he creado. Todo el mundo es precioso para mí.

Dios de nuestro universo, te amo y te adoro.
Tú eres mi creador y mi redentor.

ACERCA DE LAS PARÁBOLAS

"Y cuando estaba solo, los presentes junto con los
Doce le preguntaron acerca de las parábolas."

Marcos 4:10

En mi visión vi a Jesús enseñando a un niño sobre algo a través de una historia. Jesús me dijo: "Una historia o una parábola es más fácil para un niño entender y aprender de la verdad. Lo mismo ocurre con las personas que tienen poca fe. Miran pero no perciben. Ellos oyen pero no entienden. Eres una hija de Dios.Ve con sus ojos espirituales. Escuchas mi voz y me entiendes.

Más los que no me conocen no entienden la verdad. Por eso es tan importante ser amigos primero antes de tratar de enseñar a alguien acerca de mí. Sólo entonces estarán abiertos para recibir la verdad. Sólo entonces podrían ver la luz. Sólo entonces podrían llegar a amarme. Nunca deje de sembrar. Tu trabajo es sembrar y deja el resto para mí. ¡Sé fiel y goza! "

Jesús, por favor, dame las semillas
para sembrar por donde yo vaya.
Estoy aquí para hacer tu voluntad
donde quieras enviarme.

DESPERTAR UNO A OTRO

*Debemos considerar cómo despertar el uno
al otro al amor ya las buenas obras."*

HEBREOS 10:24

En mi visión vi una piedra arrojada a un estanque. El agua comenzó inmediatamente a moverse en ondas. Jesús me dijo: "Sé mi pequeña roca que mueve el agua. Sé la iniciadora del movimiento para mí. La gente está tan cómoda en este mundo que no se mueven. Ellos están dormidos. No se dan cuenta de que el tiempo para amar y para hacer buenas obras se está acabando. Cada minuto está más cerca del día del juicio. No pierdas ningún día sin animar a otros a amarme más. Bernabé, mi discípulo, alentó a Pablo que se convirtió en uno de mis más fieles apóstoles. Haz lo mismo por mí, hija mía. ¿Estás despierta, amor mío?

*Señor, gracias por darme otro día para
amarte y servirte. Bendice cada trabajo
que hago por tu honor y gloria.*

COSAS TERRENALES

Sus mentes están ocupadas con cosas terrenales.

FILIPENSES 3:19

Mi hija preciosa, todo el mundo tiene una sola mente. Su mente puede estar ocupada con cosas celestiales o con cosas terrenales. Uno no puede servir a dos maestros al mismo tiempo. Deja que tu mente se centre en construir mi reino aquí en la tierra. De esta manera tendrás tesoros en el cielo donde pasarás la eternidad con nosotros. Deja que tu mente se centre en las cosas santas y hermosas de arriba. Canta canciones de alabanza con acción de gracias en tu corazón. De esta manera todos los que te dejan verán en ti. No se preocupe por qué comer o qué usar. Todo esto pasará. Pero mis palabras nunca pasarán.

Señor Jesús, tienes las palabras de la vida eterna. Quiero vivir cada día con tu paz, amor y alegría en mi corazón.

FUERZA PARA TODO

*"Tengo fortaleza para todo el medio
de aquel que me da poder".*
FILIPENSES 4:13

En mi visión vi a una persona levantando pesas y haciendo ejercicio. Jesús me dijo: "Hija Mía, si quieres tener fuerzas, necesitas edificar tus músculos. La oración y el ayuno te darán la fuerza para hacer todo por mí. Es un paso a través de la oración que sabes cuánto te amo. Que haces: No hay solo la carga sola. La carga recae en ambos hombros. Puedes confiar en mí y confiar en mí que estás siempre bajo mi protección y dirección. El ayuno fomentará la humildad Y la compasión, que son dos cualidades que son muy agradables a mi Padre. Él te dará la fuerza que necesitas. "

*Gracias, Señor, por esta visión.
Una imagen es mil palabras. Gracias por
darme la fuerza por hacer tu voluntad*

RESISTENCIA

*"Necesitas resistencia para hacer la voluntad
de Dios y recibir lo que él ha prometido."*

Hebreos 10:36

En mi visión que Jesús cayó tres veces. Jesús me dijo:
"Hija mía, mira cómo llevo mi cruz y no caí una sola vez
sino tres veces. Aunque me dolía cada hueso y no tenía
nada que comer o beber de la última cena, que obligar
a un levantarme cada vez y pasar al Calvario. La vida es
la que se ha crucificado y morir en la cruz por todos los
pecados del mundo. Vivir cada día con amor para hacer
buenas obras Sin necesidad de resistencia en mi disco
No se ha alcanzado la meta que ha planeado para ti. No
hay ser capaz de hacer la diferencia en este mundo. Ellos
no se dieron por vencidos

*Señor Jesús, dame el valor y la paciencia
para llevar mi cruz hasta el fin de mi vida.
Ayúdame a levantarme cada vez que me caiga.*

SIETE VECES

"Si te injuria siete veces en un día y vuelve a ti siete veces diciendo 'lo siento', debes perdonarlo."

LUCAS 17: 4

Mi preciada hija, la falta de perdón es como una roca que una persona está sosteniendo firmemente en su mano. Cuando eso sucede, su mano está apretada y no puede abrirse para dar o para recibir amor. Otra versión de la falta de perdón es como una botella pegada con un tapón. No se puede derramar gracia en la botella, que es el corazón. Perdona siempre. Incluso siete veces al día. Deja que tu corazón sea liberado de cualquier ira, resentimiento y daño.

No guardar rencores contra nadie. Sólo entonces podrá amar libremente y disfrutar de la vida al máximo. Sólo entonces podremos estar libres de cualquier tristeza y depresión. Con mi gracia y amor en tu corazón, te sentirás tan alegre y tan bendecido.

Sí, Señor, quiero perdonar a todos los
que me han lastimado en el pasado.
Por favor, perdóname por todas las veces
que he pecado contra ti y los demás.

TEMPLO DE DIOS

> *"¿No sabéis que sois templo de Dios, y que*
> *el Espíritu de Dios mora en vosotros?"*
>
> 1 Corintios 3:16

Es mi deseo que me invitas a tu corazón, mi amorosa hija. Me encanta compartir mi vida contigo. Cuando yo vivo en tu corazón, tu cuerpo se convertirá en mi templo. Así que invítame. No me cierres tu corazón. No bloquees mi gracia salvadora que anhelo darte.

Cuando me tienes, tienes todo. Imagínate si un rey o un emperador venían a visitarte. Lo primero que harías es limpiar tu casa y poner todo en orden para su visita. Anularías todas tus actividades normales para que pudieras pasar más tiempo con él. Así es cuando me invitas a tu corazón. Tu vida se transformará.

> *Mi corazón anhela por ti, mi Rey y mi Señor.*
> *Por favor, ven y quédate conmigo.*
> *Le doy la bienvenida con mis brazos abiertos.*

REINO DE DIOS

> *"Porque he aquí, el reino de Dios está entre vosotros."*
>
> LUCAS 17:21

En mi visión vi un mapa del mundo. Todas las personas en el mundo que tienen a Cristo en sus corazones se iluminaron como árboles de Navidad. Jesús me dijo: "Mi deseo es que todos en este mundo sean llenos de mi luz. Mi reino vendrá y mi voluntad será hecha en la tierra solamente con tu ayuda. Todo aquel que esté dispuesto a ser mi discípulo ayudará a otros a venir a mi luz. Aquellos que están en la oscuridad, que están sin luz, necesitan tu ayuda para llevarlos a la fuente de luz. Soy la luz del mundo. Cualquiera que crea en mí tendrá la luz de la vida. ¡Oh cuánto anhelo ver el mundo entero encendido con mi luz! Mi querida hija, continúa construyendo mi reino aquí en la tierra. Te ayudaré y te daré todo lo que necesites."

> *Jesús, tú eres mi luz y mi salvación.*
> *Sólo con su ayuda podemos*
> *cambiar este mundo juntos.*

DESECADORES

> *"Muchos engañadores han salido al*
> *mundo, aquellos que no reconocen a*
> *Jesucristo como viniendo en la carne;*
> *Tal es el engañoso y el anticristo. "*
>
> 2 JUAN 1: 7

Hija Mía, los que no me reconocen son engañadores, porque sólo traen gloria a sí mismos. Pero todo el que me reconoce es un verdadero creyente. Todo lo que los verdaderos creyentes traen gloria y honor a mí ya mi Padre. Esté siempre dispuesto a reconocerme delante de los demás. Háblales de todos los milagros y sanidades que he hecho. Sé un testigo para mí. Sólo entonces podrás convertirte en mi verdadero discípulo. No sigas a nadie cuya predicación no es acerca de mí, porque está en el camino equivocado. Pasa por la puerta estrecha donde te espero. No sigas a ningún otro.

> *Señor Jesús, quiero ser un testigo para ti.*
> *Yo te reconoceré y te traeré gloria y honor.*

JUSTICIA

Yo te lo digo, se encargará de que se les haga
justicia rápidamente. Pero cuando venga el
Hijo del hombre, ¿hallará fe en la tierra? "

LUCAS 18: 8

La justicia es devolver lo que pertenece a la otra persona. Hija mía, todo el mundo es igual. Cada ser humano es precioso para mí. Cuando un pobre me llame, siempre responderé a su oración. Yo soy un Dios de justicia. Si todos compartieran lo que tienen con los menos afortunados que él, no habría nadie pasando hambre ni sin hogar en este mundo. Mucha gente es codiciosa y toma más que su parte. No tienen amor por los demás excepto por ellos mismos. No tienen miedo del último juicio. Pero tú, mi hija preciosa, sabes mejor. Sé generoso con todos los que te pidan. Sé mi luz y mi esperanza para los demás.

Padre Celestial, eres un Dios justo y
escuchas el grito de los pobres.
Ayúdame a ser una persona más
caritativa y generosa.

MENSAJERO

> *"He aquí, yo envío mi mensajero*
> *delante de vosotros, él preparará vuestro*
> *camino delante de vosotros."*
>
> Lucas 7:27

En mi visión vi a un chico de periódico arrojando un periódico delante de cada casa. Dios me dijo: "Hija Mía, si quieres ser mi mensajero, tienes que dar mi palabra a cada persona que encuentres. No es tu responsabilidad saber si la gente va a leer el periódico o no. tu trabajo es solo para difundir las buenas nuevas para que aquellos que estén listos puedan recibirlas. Estás llamada a ser mi mensajera. Tú eres mis manos y mis pies. Yo te he elegido. ¿Vas a llevar a cabo esta importante tarea que te he encomendado? ¿Hablarías mis palabras de amor y aliento a los demás por mí? ¿Consolarás a mi pueblo con ternura y misericordia? Si lo haces, eres tan importante para mí como Juan el Bautista. ¿Quieres ir por mí?

> *Sí, Señor, yo iré como tu mensajero.*
> *Iré dondequiera que me envíes.*
> *Ayúdame a tener valor para proclamar*
> *tus buenas nuevas a todos hoy.*

EN MEDIO DEL AMOR

"Que el Señor os haga crecer y abundar
en amor unos por otros y por todos, como
nosotros tenemos para vosotros."

1 Tesalonicenses 3:12

En mi visión vi a Jesús con su corazón expuesto. Creció y creció mientras lo observaba. Jesús me dijo: "Hija amorosa, mírame. ¿Has notado que en un lugar lleno de gente siempre veo a quien más necesita mi amor y atención? Como en el momento en que vi a un hombre con una mano paralizada. Yo lo he curado incluso en el día de reposo. Haz lo mismo. Ten más compasión por cualquier persona menos afortunada que tú. Tienen hambre y sed de amor.

Dad generosamente a todos los que pidan de ti. Cuanto más amor des, más recibirás. Te he amado desde el instante en que fuiste formada en el vientre de tu madre. Eres preciosa ante mis ojos. Ve y ama a los demás como yo te he amado. Que tu corazón se agrande como en tu visión. Pide al Espíritu Santo que te llene de más amor. "

Señor Jesús, por favor lléname del Espíritu Santo.
Amplía mi corazón para poder amar
a los demás como me has amado.

TENER VISTA

> *"Y Jesús le dijo: «Recupera la vista, tu fe te ha salvado». En el mismo momento, el ciego recuperó la vista y siguió a Jesús, glorificando a Dios. Al ver esto, todo el pueblo alababa a Dios."*
>
> LUCAS 18: 42-43

Hija Mía, la manera de ver a Dios es orar incesantemente. El ciego estaba inmóvil, sentado en el suelo pidiendo limosna. Cuando pasé junto a él no dejó de gritarme. Aunque mis discípulos estaban tratando de silenciarlo, él no se dio por vencido. Haz lo mismo, hija mía. Pedid y se os dará. No tengas miedo de parecer tonta ante los demás. Es tu fe quien te salvará. Sigue orando y orando. Sabes que sólo quiero lo que es mejor para ti. Yo responderé a todas tus oraciones. Sé insistentes y te guiaré a mi Padre que está en los cielos. Ven y ten fe en mí.

> *Gracias, Jesús, por las palabras de aliento. Rezaré y sabré que siempre responderás a mis oraciones. Tengo fe en ti, Señor.*

VISITACIÓN

" . Te arrasarán junto con tus hijos, que están
dentro de ti, y no dejarán en ti piedra sobre
piedra, porque no has sabido reconocer el
tiempo en que fuiste visitada por Dios» . "

Lucas 19: 44

Mi hija amorosa, mi corazón está roto de tristeza porque tan pocas personas me reconocen cuando estoy entre ellos. Están tan preocupados con el mundo que echan de menos mi visita. Ayúdalos a conocerme y a verme en todos los aspectos de sus vidas. Llegará el día en que desearán tener fe en mí como tú. Sólo conmigo podrán pasar por todas las pruebas y tribulaciones que enfrentarán cada día. Ora por ellos constantemente. Me duele el corazón hasta el punto de llorar.

Señor Jesús, quiero consolar tu corazón roto.
Iré y traeré a otros más cerca de ti. Les diré
cuánto les necesitan en su vida cotidiana.

CASA EN ROCA

> *"Todo el que escuche estas palabras mías*
> *y actúe sobre ellas será como un hombre*
> *sabio que construyó su casa sobre roca."*
>
> MATEO 7:24

En mi visión vi un faro en las rocas en un puerto. Había una pequeña casa detrás del faro. Este faro no sólo protegía la casa del viento y de la tormenta, sino que también guiaba a todos los barcos a puerto seguro. Jesús me dijo: "Mi hija preciosa, yo soy la luz del mundo. Te protegeré de todo mal. Si estás detrás de mí, estarás a salvo. Siempre estaré ahí para ti. Mantente firme. Apóyate en mis palabras. Mis palabras son tan sólidas como las rocas de tu visión. Ellas te ayudarán a través de todas *tus pruebas y* dificultades. Serás guiada por mi luz y protegida de todas las tormentas en tu vida. Quédate cerca de mí, mi amor.

> *Señor, déjame que nunca sea separada de ti.*
> *Tus palabras son de lo que yo vivo.*
> *Ayúdame a construir mi casa en tu roca.*

DOS HOMBRES CIEGOS

*"Cuando Jesús pasó de allí, dos ciegos
lo siguieron, clamando: " ¡Hijo de
David, ten piedad de nosotros! "*

MATEO 9:27

Mi hija amorosa, ¿quieres ver? Muchas personas son como estos dos ciegos que pasan su vida sin ver. ¿Sabes que cada alma tiene ojos espirituales? Tus ojos espirituales apenas empiezan a abrirse. Ora al Espíritu Santo para que verdaderamente puedas ver el mundo tal como yo lo veo. Verán ángeles y demonios. Ellos son reales. Están aquí en este mundo, pero se necesitan ojos espirituales para verlos. Con tus ojos espirituales también podrás verme a mí y a mi Padre, especialmente cuando estás orando. Durante la oración, tus ojos serán abiertos. Pídele a mi Padre que abras los ojos.

*Padre amoroso, abre mis ojos, Señor. Quiero verte.
Hijo de David, ten misericordia de mí.
Ven, Espíritu Santo, lléname de tu amor.*

PEQUEÑO PERGAMINO.

"Tomé el pequeño pergamino de la mano del ángel y lo tragué. En mi boca era como dulce miel, pero cuando la había comido, mi estómago se volvió agrio. "

Apocalipsis 10:10

Mis palabras son como el jugo de naranja que bebes cada mañana. Su sabor es realmente bueno en la boca cuando lo tragas por primera vez. Pero cuando lo bebe con el estómago vacío, se vuelve ácido. Leer mis palabras y estudiarlas con oración y meditación. Mastica mis palabras. Reflexiona y reflexionar sobre mis palabras como lo hizo mi madre María. Deja que mis palabras residan en tu corazón y en tu alma. Dejen que surtan efecto en ti. Deja que ellas dirijan cada una de tus acciones. Mis palabras son más dulces que la miel y te confortarán y consolarán.

Gracias, Jesús, por tus palabras de sabiduría. Siempre las guardaré en mi corazón.

VEN AQUÍ

*"Entonces oyeron una gran voz del cielo
decirles: 'Subid acá', y subieron al cielo en
una nube, como sus enemigos veían."*

APOCALIPSIS 11:12

En mi visión vi una escalera que conducía al cielo.
Había ángeles que iban y venían en la escalera. Jesús
me dijo: "Hija Mía, un día tú también subirás al cielo
con los ángeles. Ellos te ayudarán a subir al cielo. Ellos
te guiarán y te protegerán de la caída. Te mostrarán el
camino. Habrá alegría en el cielo con música para darte
la bienvenida a mi reino. Verás a todos tus seres queridos esperándote. Te darán la bienvenida con los brazos
abiertos. En ese día, haré tu alegría completa. Ven, mi
amada, ven.

*Espero ansiosamente el día en que
pueda verte cara a cara, Señor.
Ángel de la guarda, por favor, guíame
y protégeme en el camino al cielo.*

CARGA Y PECADO

> *"Puesto que estamos rodeados de una gran nube*
> *de testigos, librémonos de toda carga y pecado que*
> *se aferra a nosotros y perseveramos en correr la*
> *carrera que se nos presenta mientras mantenemos*
> *los ojos fijos en Jesús, el líder y consumador de la fe*
>
> HEBREOS 12: 1-2

En mi visión me vi corriendo con mi ropa de correr, con gente sentada alrededor de la pista. Estaban observándome y animándome. Estaba cansado de correr, pero cuando vi a Jesús delante de mí animándome, sentí una renovada energía para continuar mi carrera. Jesús me dijo: "Hija mía, ten ánimo. No abandones la carrera. Trata de deshacerte de cualquier cosa que todavía es una carga en tus hombros. Para ganar la carrera no debes llevar nada que te pese, tales como preocupaciones, ansiedades y pecados. Quítate de todos aquellos pensamientos que te distraerán de alcanzar tu meta. La preocupación y la ansiedad son inútiles. En su lugar, concentrarse en mí. Mira el mundo espiritual que te rodea y sé consciente de que yo estoy contigo."

> *Gracias, Jesús, por animarme.*
> *Ahora entiendo por qué debemos*
> *vaciarnos cuando te seguimos.*
> *Ayúdame a estar enfocado sólo en ti.*

VETE A CASA.

"Vete a casa con tu familia y anúnciales todo lo que el Señor en su compasión ha hecho por ti".

<small>MARCOS 5:19</small>

Mi querida hija, no todos están llamados a ser misioneros. Para algunas personas, es mejor quedarse en casa y ministrar a los necesitados en su propio hogar y vecindario. Este hombre, que tenía un espíritu inmundo, puede hacer más bien al difundir las buenas nuevas en su propia ciudad, porque la gente de allí me suplicó que me fuera después de que sus cerdos se ahogaran en el océano. Estaban molestos conmigo porque no querían cambiar su forma de ganarse la vida. Criar cerdos fue su carrera. Ponen el dinero por encima de todo lo demás. Sus corazones no estaban listos para recibir mi amor. En cuanto a ti, hija mía, también puedes servir a otros en tu propio vecindario. No necesitas ir muy lejos. Hay mucho trabajo por hacer en el lugar donde vives. Vete a casa y difunde las buenas nuevas a todos los que conozcas. Estaré contigo.

Sí, Señor, hay mucho trabajo por hacer aquí donde vivo. Por favor dame el coraje para compartir tus buenas noticias con otras personas a mi alrededor. Nunca me dejes perder la oportunidad de proclamar lo bueno que eres.

LA HOSPITALIDAD

> *"No descuides la hospitalidad, porque*
> *a través de ella algunos, sin saberlo,*
> *han entretenido a los ángeles".*
>
> Hebreos 13: 2

En mi visión vi a Abraham sentado bajo un gran árbol sombreado con tres hombres que eran ángeles. Jesús me dijo: "Hija Mía, siempre que seas hospitalaria y amable con los demás, Dios enviará ángeles para que te visiten y te traigan buenas nuevas. Los ángeles le dijeron a Abraham que Sara estaría embarazada el año siguiente, a pesar de que estaba más allá de la edad de tener hijos. Con Dios nada es imposible. El regalo de la hospitalidad trae amor y alegría a tu hogar. Hagas lo que hagas a los demás, serás recompensado cien veces. La medida que mida para los demás se te medirá. Sé generosa, amorosa y amable. Nunca te faltará nada cuando seas generosa con los demás ".

> *Gracias, Señor, por esta hermosa lección.*
> *Me has enseñado a ser más hospitalario*
> *y generoso con los demás, especialmente*
> *con los menos afortunados que yo.*

LE DOY GRACIAS.

"Él me salvó del mal de todo tipo y me conservó en tiempo de angustia". Por esta razón, le agradezco y lo alabo; Bendigo el nombre del Señor ".

SIRAJ 51:12

En mi visión vi a una multitud de personas arrodilladas frente al Dios Todopoderoso, alabando y adorándolo. Jesús me dijo: "Es la mayor alegría cuando mi pueblo nos da gracias y alabanzas". Porque sabemos que solo puede venir del corazón. Hija Mía, da honor y gloria a mi Padre siempre, porque él merece todas tus alabanzas. Él me ha glorificado y ahora tú puedes hacer lo mismo por él. Su amor por ti es eterno. A través de la alabanza y la acción de gracias recibirás alegría, una alegría que no es de este mundo sino de mí. Esta es una alegría que es tan profunda y honda que nadie ni las circunstancias pueden cambiarla. Esta alegría puede sostenerte y llevarte a través de todas las pruebas y tribulaciones de este mundo. Da gracias siempre ".

Te agradezco y te alabo, mi Señor y mi Dios. Siempre estaré agradecido por todo lo que me has dado. Eres un Dios maravilloso.

TOQUE

> " *En todas partes donde entraba, pueblos, ciudades*
> *y poblados, ponían a los enfermos en las plazas y*
> *le rogaban que los dejara tocar tan sólo los flecos de*
> *su manto, y los que lo tocaban quedaban curados.* "
>
> MARCOS 6: 56

Mi niña amorosa, se necesita fe para creer que incluso mi ropa puede sanar. Con la fe todo es posible. Solo cree en mi. De hecho, ni siquiera tienes que tocarme para ser sanada. Sólo escuchar mi palabra te sanará también. Los diez leprosos me pidieron que los sanara. Los diez fueron sanados, aunque no tocaba a ninguno de ellos. Sólo les dije que fueran a ver a un sacerdote. Mi palabra tiene tanto poder como la borla en mi capa. El que cree en mí, no sólo será sanado, sino que vivirá para siempre. Hija mía, ven y siéntate conmigo a menudo y escucha mi voz. Serás sanada no sólo físicamente, sino también espiritualmente y emocionalmente. Serás tocada por mi presencia y mi amor. Mi amor por ti sanará todos tus males. ¿Crees en mí, hija mía?

> *Sí, Señor, creo. Sé que eres el Dios Todopoderoso*
> *que creó todo el universo. Nada es imposible*
> *para ti. Señor, por favor cúrame.*

MUJER

"Este, por fin, es hueso de mis huesos y carne
de mi carne; Ésta será llamada «mujer».

GÉNESIS 2:23

Mi amada, tú eres hueso de mis huesos y carne de mi carne. Cada vez que recibes mi cuerpo y bebes mi sangre, somos uno. Estamos unidos en mente, cuerpo y espíritu. Eres mi cónyuge. Por eso he preparado un banquete de bodas para recibirte cuando entres en mi reino. Tú eres mi precioso y te he amado desde el día en que fuiste concebido en el vientre de tu madre. Eres mía. Todos los que reciben mi cuerpo y mi sangre tendrán vida eterna conmigo en el cielo. Es por eso que tuve que dejar a mi Padre y venir al mundo para poder venir a traerte a casa. Tú eres la alegría de mi corazón. Nada puede separarme de ti excepto el pecado. El salario del pecado es la muerte. Y he conquistado la muerte en la cruz por ti. Ven mi amor.

Señor Jesús, te doy mi corazón, cuerpo
y alma. Soy todo tuyo. Llévame y
déjame que nunca me dejes ir

TRES DÍAS

> *"Mi corazón se conmueve con compasión por la multitud, porque han estado conmigo ahora por tres días y no tienen nada que comer."*
>
> MARCOS 8: 2

En mi visión vi a Jesús sentado en una roca grande y hablando. Estaba enseñando a una multitud de unos cuantos miles de personas delante de él. Estaban todos absorbidos en su enseñanza. Tenían sed por sus palabras de sabiduría. Aunque parecían cansados y hambrientos después de tres días, no querían dejar a Jesús. Jesús me dijo: "Hija Mía, cualquiera que pase el tiempo escuchándome no se irá con las manos vacías.

Estas personas que pasaron tres días conmigo vieron el milagro de los panes y los peces. Los nutría no sólo físicamente, sino también emocional y espiritualmente. Les di a cada uno de ellos la esperanza y les revelé el amor de mi Padre. Les dije lo especial que era cada uno de ellos. Por eso no querían irse a casa. Cuando pasas tres días conmigo, como un fin de semana de retiro, también serás alimentada y nutrida. Te enriquecerás más allá de sus expectativas. Jamás te enviaré con hambre.

Gracias, Jesús, por alimentarme durante mi último retiro. Fue un fin de semana lleno de fe.

RECONCILIARSE

"Por tanto, si traes tu ofrenda al altar, y allí recuerdas que tu hermano tiene algo contra ti, deja tu regalo allí en el altar, ve primero y reconcilia con tu hermano, y luego ven y ofrece tu ofrenda".

Mt.5: 23-24

Mi preciosa hija, cuando hay alguien que tiene rencor o ira contra ti, afectará tu bienestar. No demores hablar con la persona que tiene algo en tu contra. Si estás en el derecho, es necesario aclarar la situación con esa persona de una manera amorosa. Si ha pisado los dedos por error, necesita disculparse. No dejes que nada entre ti y los demás. Que cada relación sea reconciliada. Pide perdón incluso cuando sabes que la otra persona te ha hecho daño. Debe haber alguna razón para que esta persona te haya ofendido. Sé el primero en reconciliarse con él o ella. Sea humilde y admite el mal que ha hecho. Ten siempre un corazón perdonador. Sólo a través del perdón serás capaz de amar a los demás como yo te amo.

Mi Jesús, amas a cada persona en este mundo, incluso a tus enemigos que quisieron matarte. Enséñame a amar a los demás, especialmente a aquellos que son difíciles de amar.

BÚSCALO

> *"Pero sin fe es imposible agradarle, porque*
> *cualquiera que se acerca a Dios debe creer que*
> *existe y que recompensa a los que le buscan."*
>
> Hebreos 11: 6

En mi visión me vi en una habitación oscura buscando algo. Pero no pude ver nada hasta que cogí una linterna. Cuando lo prendí, pude ver lo que buscaba. Jesús me dijo: "Yo soy la luz del mundo. Serás capaz de encontrar a Dios sólo cuando tenga mi luz. Sin mí, usted buscas a tientas en la oscuridad. Vas a tropezar y caer. Conmigo, puedes ver claramente a dónde vas. Mientras te aferras a mí, estarás caminando en el camino correcto. Ten fe en mí; Nada más importa. La fe te llevará a mi Padre que te ama tanto como yo a ti. Mi Padre y yo somos uno. Quien me conoce, conoce a mi Padre. El Espíritu Santo te revelará toda la verdad."

Padre, Hijo y Espíritu Santo, te amo y te adoro.
Jesús, tú te buscas y te deseo con todo mi corazón.

PESCADORES DE HOMBRES

*"Venid en pos de mí, y os haré
pescadores de hombres."*

MATEO 4:19

Mi preciosa discípula, para atrapar un pez, necesitas usar un gusano jugoso o un pedazo de insecto para atraerlo. Para ser un pescadora de hombres, necesitas hablar mi palabra y ser permeado con mi amor con el fin de atraerlos. Los argumentos y las conferencias no acercan las almas a mí. Sólo apartarán a la gente. Pero palabras de consuelo y sabiduría traerán amor y alegría a sus corazones. Sólo entonces experimentarán mi presencia y mi amor.

Lleva mi corazón contigo cuando salgas a pescar hombres. Pónte el amor sobre todo. Sin amor y paciencia, tu trabajo será como un plato vacío. ¡Ve y disfruta de la pesca!

*Gracias, Señor, por esta revelación.
Llena mi corazón con tu amor, cada vez
que salgo a ser un pescador de hombres.
Es un gozo ser tu discípulo.*

DICIEMBRE

SIETE CESTAS COMPLETAS

*"Todos comieron y quedaron satisfechos.
Ellos recogieron los restos de los
fragmentos — siete canastas llenas. "*

Mi preciosa niña, mi corazón se movió a compasión por la multitud. Era mi deseo de proveer todas sus necesidades y más allá. Esta multitud llegó al lugar desierto para escuchar mis palabras. Ellos tenían fe en mí. Trajeron a los enfermos y los curé a todos. Ellos se regocijaron y me glorificaron. Sus vidas nunca fueron las mismas después de este evento. Cada vez que vas a la iglesia para asistir a misa, sucede lo mismo. Traigan a los enfermos a la iglesia y yo los curaré y los alimentaré con mi cuerpo y mi sangre. Sus vidas se transformarán. Nunca van a casa con hambre. Yo soy un Dios que ama alimentar a mi pueblo. Nunca te enviaré a casa con las manos vacías.

*Señor, dame la audacia de traer a otros a la
iglesia para que puedas alimentarlos y curarlos.
Tú eres el Dios más generoso y compasivo.*

SEÑOR

"¿Por qué me llamas, Señor, Señor,
pero no haces lo que mando?"
LUCAS 6:46

En mi visión vi dos árboles. Uno tenía un montón de hojas y frutas con raíces profundas en el suelo y el otro árbol era pequeño con sólo unas pocas hojas en las ramas. Cuando vino una inundación, el segundo árbol fue arrastrado con el agua de la inundación mientras que el primer árbol permanecía de pie. Jesús me dijo: "Hija Mía, sólo aquellos que están arraigados en mí son los buenos árboles que permanecerán de pie cuando lleguen las pruebas. Todo el que me llama, 'Señor, Señor', pero no hace nada y continúa viviendo cada día sin mí, caerá y perecerá. Hija mía, tú que escuchas mis palabras todos los días y actúas sobre ellas, darás mucho fruto. Cuando la vida se hace difícil, tu fe te salvará. Porque me amas profundamente. Estarás firme y no caerás.

Señor Jesús, tus palabras son eternas.
Enséñame a estar listo para actuar
sobre ellos todos los días de mi vida

TU CREES

> *"Cuando entró en la casa, los ciegos se le acercaron, y Jesús les dijo: '¿Crees que puedo hacer esto?'" Sí, Señor ", le dijeron."*
>
> MATEO 9:28

Mi hija amorosa, ¿crees que puedo curarte? ¿Realmente crees que soy curandero? No tengas ninguna duda en tu corazón cuando me pides algo. Cuando dudas de mi capacidad para sanarte a ti o a los demás, estás bloqueando mi poder sanador para fluir a través de ti o hacia otros. Con fe y confianza en mí, todas las cosas son posibles. Si puedes visualizarlo, se hará realidad. Nombra un incidente en la Escritura en el que he alejado a la gente cuando me pidieron sanidad. No hay ninguno. Todos los que vinieron a mí fueron sanados. Así que ven con fe expectante en tu corazón. Ven y te curaré, hija mía.

Tú eres mi todopoderoso Dios y sanador.
Creo que todo es posible contigo.

MI PAZ

> *"La paz os dejo; Mi paz te doy. No*
> *como te da el mundo, te lo doy. "*
>
> JUAN 14:27

En mi visión me vi abrazado por Jesús. Tenía sus brazos alrededor de mí y puse mi cabeza sobre su hombro. Me sentí tan tranquila y tan querida. Jesús me dijo: "Mi hija preciosa, cuando me ames, todos tus temores y ansiedades desaparecerán. Porque sabes, sin lugar a dudas, que te protegeré de todo daño.

Como un bebé en los brazos de una madre, sentirás total seguridad y amor. Te sentirás contenta. A pesar de que el caos puede ser todo alrededor de ti en mis brazos te sentirás tranquila. Sabes que te llevaré a la seguridad. No hay nada que temer. Incluso en medio del juicio, allí estaré contigo. Puedes contar conmigo. Nunca te abandonaré ni te abandonaré. Tú eres mía.

Mi Jesús, te amo y te pongo mi confianza.

UNA VOZ

*"Que el Dios de la constancia y del consuelo
les conceda tener los mismos sentimientos unos
hacia otros, a ejemplo de Cristo Jesús para que
con un solo corazón y una sola voz, glorifiquen
a Dios, el Padre de nuestro Señor Jesucristo.*

Romanos 15: 5- 6

Mi hija amorosa, cuando oras junto con un grupo de
personas como durante un culto de la iglesia, es muy
agradable para mí y para mi Padre. Porque me encanta
ver a mis hijos unidos en oración con sus corazones en
armonía unos con otros. Es una manera muy efectiva
de orar. Tus oraciones serán llevadas al trono de mi
Padre por los ángeles y él te recompensará y responderá
todas tus peticiones. Cuando oran juntos, es como una
sinfonía con muchos instrumentos diferentes tocando
juntos haciendo música hermosa. Así es cuando oras con
mucha gente. Es como música para mis oídos. Continúen
a alabar y a adorar a mí y a mi Padre diariamente.

¡Gloria, gloria, gloria en lo más alto!
Que mi Señor sea alabado y
honrado para siempre.

ALEGRÍA Y GOZO

"Aquellos a quienes el Señor ha rescatado
regresarán y entrarán a Sion cantando,
coronados con gozo eterno; Ellos se encontrarán
con gozo y alegría, tristeza y luto huirán. "

ISAÍAS 35:10

¿Recuerdas el tiempo que pasaste sola con tu madre haciendo un proyecto juntas? Disfrutaste tanto de su compañía. Sabías en tu corazón que eras la "niña" de su ojo. Eso es lo que será la alegría eterna cuando pases la eternidad conmigo en el cielo.

Tendrás la misma sensación de contentamiento sólo sabiendo cuánto eres amada. Mi presencia te traerá tal alegría. Pero no tienes que esperar mucho para recibir esta alegría. Puedes tenerla ahora si me invitas a tu casa y a su corazón. Mi presencia te traerá alegría y regocijo que desbordarán a los demás. Entonces, querida hija, abre tu corazón para recibirme durante este Adviento.

Mi hogar y mi corazón están abiertos
para recibirte, mi Señor.
Ven y sé conmigo durante este Adviento.

MI ALEGRIA

"Yo os he dicho esto para que mi gozo esté
en vosotros y vuestro gozo sea completo."

JUAN 15:11

En mi visión vi una pareja de luna de miel sentados en una playa en los brazos del otro disfrutando de la puesta del sol juntos. ¡Qué hermoso y alegre cuadro! Jesús me dijo: "Amada mía, cuando permanezcas en mi amor, tendrás mi gozo en tu corazón. El amor perfecto echa fuera todo el miedo. Todo lo que hagas, lo harás voluntariamente por mí. Mantendrás tu alma pura como estos recién casados. Todo lo que la novia quiere es complacer a su marido. Y todo lo que el novio quiere es hacer feliz a su novia. No hay sacrificio demasiado grande para ellos porque están tan enamorados uno del otro. Su alegría es completa en los brazos del otro. Sus corazones latían como uno solo. Se sienten tan contentos el uno con el otro. Ese es el tipo de unión que anhelo tener contigo. Ven mi amor. Ven a mis brazos. Recibe mi gozo y tu alegría será completa."

Te amo, Señor. Te adoro y te adoro.
¡Tu eres mi felicidad!

UNA PRIVILEGIADA

¡Alégrate, favorecida! El Señor está contigo. "

LUCAS 1:28

Mi madre María estaba llena de gracia. Pero tú, hija mía, también eres bendecida y llena de mi gracia. Porque tú también eres elegida para hacer la voluntad de Dios. Cada vez que me dices "sí", estás siguiendo el ejemplo de mi madre. Cada vez que sostienes tiernamente a mi pueblo en tus brazos, los amas como mi madre me ama. Ella es tu modelo. Ella sacrificó sus propios planes y sueños para llevar a cabo mi voluntad. Ella era la servidora más obediente de mi Padre. Estaba dispuesta a dar su vida por mí. Cuando ella dijo "sí" al ángel Gabriel, ella podría haber sido apedreada hasta la muerte debido a su embarazo antes de casarse con José, quien planeaba dejarla en silencio. Sufrió mucho al ver a su único hijo crucificado en la cruz. Practica su coraje y obediencia a Dios.

Ave María, Madre de Dios, enséñame
a amar a Jesús tanto como tú.
Ruega por mí ahora y en la hora
de mi muerte. Amén.

NO TEMÁIS

"Yo soy el Señor, tu Dios, que aferra tu diestra;
Yo soy el que te digo: No temas, yo te ayudaré. "

ISAÍAS 41:13

En mi visión vi a mi padre sosteniéndome la mano cuando era un niña pequeña, cruzando la calle. Se aseguró de que estuviera protegido de todos los coches. Dios Padre me dijo: "Hija mía, aferrada a mi mano. No andes delante de mí ni detrás de mí. Quédate cerca de mi. Camina a mi lado siempre. Llámame y aférrate a mi. Conmigo a tu lado, no tienes nada que temer, porque yo soy tu Padre y tu protector. Yo te protegeré de todos los malos. Yo seré tu escudo y tu muro de protección. Puedes confiar en mi."

Dios Todopoderoso, eres verdaderamente
mi Padre amoroso y cariñoso.
Te alabo y te adoro para siempre.

SU REDENTOR

*"Así dice el Señor, tu redentor, el Santo de Israel:
Yo, el Señor, tu Dios, te enseñaré lo que es para tu
bien, y te guiaré por el camino que debes seguir."*

ISAÍAS 48:17

En mi visión vi a Jesús en la cruz con su mano derecha extendiéndome hacia abajo para sostener mi mano. Él me dijo: "Hija Mía, he pagado el precio para liberarte de tus pecados y de este mundo. Aunque vivas en este mundo me perteneces. Su tiempo aquí en la tierra es muy corto en comparación con la eternidad. Así que pasa cada día sosteniendo mi mano y nunca me dejes ir. Yo te guiaré y te guiaré al camino correcto. Con su mano libre, usted puede aferrarse a otros y traerlos a mí. Porque tengo sed de cada alma, He sufrido y muerto por cada uno de ellos también. Quiero que todos sean redimidos. Es mi voluntad y mi deseo más profundo.

*Señor, sostenme fuerte y nunca me dejes ir.
Quiero estar contigo siempre junto
con tu Padre y el Espíritu Santo.
Gracias por redimirme.*

VIDA ETERNA

> *"Ahora bien, esta es la vida eterna, para que te conozcan a ti, el único Dios verdadero, ya aquel a quien tú enviaste, Jesucristo."*
>
> JUAN 17: 3

Mi hija amorosa, cuando estás enamorada parece que el tiempo se detiene. Así es cuando conoces a mi Padre y lo ves cara a cara. Disfrutarás la vida por la eternidad con nosotros. Tendrás paz y gozo que nunca has experimentado en la tierra. Tu corazón cantará y tendrás lágrimas de alegría. Estarás transbordando con el amor de Dios. Vivirás para siempre en presencia del Dios Todopoderoso, que es tu Padre. Estarás en mis brazos y rodeado de todos aquellos que te aman. Habrá ángeles y santos a tu alrededor para darte la bienvenida y amarte. Verás rostros sonrientes donde quiera que vayas. Escucharás música angelical y verás hermosos paisajes. Estarás con nosotros para siempre.

¡Guauu! Apenas puedo esperar el día en que estaré contigo por la eternidad, mi Señor y mi Dios.

USTED RECIBIRÁ

"Hasta ahora no has pedido nada en mi nombre; Pedid y recibiréis, para que vuestro gozo sea completo. "

JUAN 16:24

¿Recuerdas cuando eras una adolescente y le pediste a tu madre un regalo de Navidad especial? A pesar de que tu madre no pensaba que debías tenerlo, sabía cuánto la querías y te dio exactamente lo que pediste para la Navidad. ¿Recuerdas lo feliz que estabas cuando recibiste tu regalo? Sabías cuánto te amaba tu madre y que ella nunca te negaría nada de lo que le pedías. Mi Padre celestial te ama con un amor infinito. ¿Crees que él te rechazará algo? Sé que él te dará algo cuando pides en mi nombre. Él te ama tanto como yo te amo. Él quiere que tengas alegría que ningún ser humano puede darte. Tú eres su hija preciosa y le encanta darte regalos.

Mi Padre celestial, gracias por amarme tanto. Siempre has respondido. o a mis oraciones.

UNA ESTRELLA

"Saldrá una estrella de Jacob, y se levantará un ejército de Israel."

NÚMEROS 24:17

Hija Mía, se predijo hace años que enviaría a mi único Hijo al mundo para salvarte. Jesús vino al mundo para mostrarte cómo vivir con amor en tu corazón. Él vino a enseñarles que con amor tú podrías vencer todo mal. Jesús es el camino, la verdad y la vida. El que sigue a mi Hijo, tendrá vida eterna, porque sólo él conoce el camino de mi corazón. Él vino al mundo para hacer mi voluntad. Su amor por mí es tan grande que estaba dispuesto a sacrificar su vida por ti. Cada vez que ves una estrella en el cielo, recuerda cuánto te amamos y qué especial eres para nosotros.

Padre amoroso, gracias por enviar a mi Hijo único, Jesús, a mi vida. Los amo a ambos con todo mi corazón.

CONQUISTÓ EL MUNDO

*"En el mundo tendrán problemas, pero
tengan valor, yo he vencido al mundo."*

JUAN 16:33

En mi visión vi una pared que dividía dos lados. Un lado
estaba lleno de luz y el otro lado estaba en la oscuridad. Jesús derrumbó la pared en pedazos y la oscuridad
de un lado desapareció. Jesús me dijo: "El lado brillante
es mi reino y el lado oscuro es el mundo del mal. He
conquistado el mundo. El muro ha caído. ¿Estás dispuesta a recoger las piezas de la pared que separó los dos
lados para mí y construir mi reino con ellos? ¿Serás mis
manos y mis pies en este mundo? Es trabajo duro, pero
su recompensa será grande. Con las piezas rotas puedes
pavimentar el camino y llevar a otros a mí. Todos mis
apóstoles estaban dispuestos a pavimentar el camino
con su testimonio. ¿Estás dispuesta a dar tu vida por mí
también? Ven y sígueme.

*Mi Jesús, con tu ayuda podré seguirte.
Por favor, ayúdame a superar todo miedo y
ansiedad para que pueda hacer tu voluntad.*

DA LA VUELTA HACIA MÍ

*"Vuélvete a mí y sé seguro, todos los extremos
de la tierra, porque yo soy Dios, no hay otro."*

ISAÍAS 45:22

En mi visión vi un campo de girasoles amarillos frente al sol. Jesús me dijo: "Cuando estés conmigo, te protegeré de todo daño. Cuando estés lejos de mí, tropezarás y caerás. Gira a tu alrededor como los girasoles y frente a mí tan pronto como te sientas deprimida o sola. No te sienta tentado a permanecer en la oscuridad. Camina hacia la luz, porque yo soy la luz del mundo. Te mostraré el camino y te guiaré en el camino correcto. Es una elección que haces cada día. Puedes venir y seguirme o puedes hacer tu propia voluntad. Puedes adorarme o puedes ser autosuficiente y no necesitas de mi ayuda. Cuando eso suceda, tu orgullo se hará cargo y caerás. Así que dame la vuelta y sé segura.

*Yo te seguiré siempre, mi Señor.
Tú eres mi único Dios y Salvador.*

MARIDO

*"Porque el que se ha convertido en tu marido
es tu Hacedor, su nombre es el Señor de
los ejércitos; Tu redentor es el Santo de
Israel, llamado Dios de toda la tierra. "*

ISAÍAS 54: 5

Mi amor, siempre te querré. Anhelo abrazarte en mis brazos. Pero siempre estás ocupado con tantas cosas. Al igual que tu nieto moviendo los juguetes de una habitación a otra. Siempre estás activa. Mi alegría es cuando te sientas en silencio conmigo. Como dos amantes tomados de las manos. No diciendo ninguna palabra el uno al otro, sino con la alegría de saber que eres mía. Compartimos el mismo objetivo en la vida. Compartimos nuestros pensamientos más profundos y nos encanta escuchar la voz del otro. Te amo con un amor eterno. Nunca te dejaré. Eres mi cónyuge.

*Alabado sea, mi amoroso Padre, Hijo y Espíritu
Santo. Es una alegría saber que eres mi esposo
y el amor de mi vida. Mi copa se desborda.*

LOS CORAZONES PREOCUPADOS.

"No se turbe su corazón. Tienes fe en
Dios; Tened también fe en mí. "

JUAN 14: 1

En mi visión vi a un niño jugando alegremente en el patio de recreo. No estaba preocupado por nada, porque sabía que sus padres estaban cerca y vigilándolo. Su único objetivo era pasar un buen rato. Jesús me dijo: "Mi hija preciosa, ¿puedes ver lo feliz que estaba el niño en tu visión? Sólo porque sabía que no tenía nada que temer con sus padres cerca para protegerlo.

Te estoy observando cada momento de tu vida, si estás trabajando, descansando o comiendo. Mis ojos están siempre sobre ti. Siente mi presencia, hija mía. No tienes nada que temer. Estaré contigo cada minuto de tu vida. Toma una respiración profunda y visualíceme de pie justo al lado tuyo. Ten fe en mi."

En el nombre de Jesucristo y por el poder del
Espíritu Santo invoco el espíritu del miedo para
que me deje ahora y para ir al pie de la cruz
y nunca volver a acosarme. Gracias Jesús.

JESÚS

"Ella dará a luz un hijo y tú le nombrarás a Jesús,
porque él salvará a su pueblo de sus pecados."

MATEO 1:21

Hija amorosa, si sabes cuán preciosa es cada alma para mi Padre, sabrás por qué me envió a este mundo para morir en la cruz por ti. Cada pecado es como una daga que perfora mi corazón. Cada pecado inflige una herida en mi carne. Cada pecado me clava a la cruz. Cada pecado azota mi espalda hasta que mi carne se desprende de mi cuerpo. Cada pecado me clava una espina en mi cabeza. Pero sufro de buena gana por ti, hija mía. Mi Padre y yo queremos que pases a la eternidad con nosotros en el cielo. Queremos que seas parte de nuestra Familia. Queremos que disfrutes del banquete con nosotros para siempre. Ve y no peques más.

Jesús, gracias por salvarme de mis caminos
pecaminosos. Te amo más que a nadie en
este mundo. Tu nombre es como música
en mis oídos y quiero alabarte siempre.

EMMANUEL

> *"He aquí que la virgen concebirá y dará a luz*
> *un hijo, y le darán el nombre de Emmanuel,*
> *que significa" Dios está con nosotros ".*
>
> MATEO 1:23

Hija mía, ¿sientes mi presencia en todo momento durante el día? Sé sin lugar a dudas que estoy contigo siempre. Nunca te dejaré ni te abandonaré. Tú eres mi carne y mi sangre. ¿Sabes que cuando me recibes durante la Eucaristía tu cuerpo se transforma y se une a los míos? Somos uno. No podemos ser separados, excepto por el pecado. Porque el salario del pecado es muerte. Soy vida. Quien viene a mí tendrá vida abundante, una vida llena de amor y alegría. Recibirás el poder del Espíritu Santo como María, mi madre. Porque donde yo estoy, también está mi Padre amoroso. Somos tres personas en un solo Dios. Somos inseparables como tú y yo. Estamos juntos para siempre.

> *Venga Emmanuel. Ven, Espíritu Santo.*
> *Ven, mi amoroso Padre. Ven a mi corazón*
> *y quédate conmigo para siempre. Nunca me*
> *dejes separar de ti, oh Santísima Trinidad.*

FAVOR CON DIOS

> *"Entonces el ángel le dijo:" No tengas*
> *miedo, María, porque has hallado*
> *gracia delante de Dios. "*
>
> Lucas 1:30

No tengas miedo, hija mía, porque también has hallado gracia delante de Dios. Tú también eres mi cónyuge precioso y te he elegido. Tienes una misión especial que hacer que sólo puedes cumplir para mí. Tu existencia en este mundo es única. No puede ser duplicada por otra persona. Tu personalidad y temperamento son perfectos para el trabajo que he planeado para ti.

Nadie tiene la misma asignación que tú. Cuando me contestaste "sí", te proporcioné coraje y fuerza para llevar a cabo todo lo que he planeado para ti. Gracias por estar dispuesto a hacer mi voluntad. Gracias por abrir tu mente y tu corazón para recibirme. Gracias por ser mi sirvienta y amiga especial. Te amo siempre.

> *Señor, yo soy tu sirvienta y tu trabajadora.*
> *Hagámoslo según tu voluntad.*

EL NIÑO SALTÓ

"Cuando Isabel oyó los saludos de María, el niño saltó en su vientre, e Isabel se llenó del Espíritu Santo, gritó a gran voz y dijo:" Bendita seas entre las mujeres, y bendito es el fruto de tu vientre ".

Lucas 1: 41-42

Mi preciosa niña, eres tan bendecida como mi madre María. Porque tú también me llevas dentro de tu corazón. Cada vez que recibes la comunión, me recibes: cuerpo, sangre, alma y divinidad. Me llevas a donde quiera que vayas. Trae alegría a todos los que conozcas como lo hizo mi madre. María fue a ayudar a su prima Isabel justo después de escuchar las buenas noticias de Ángel Gabriel. Ella estaba allí para ayudar con todas las tareas domésticas y se quedó con Elizabeth hasta que nació Juan el Bautista. Ella estaba allí para ayudar a entregar al bebé y lavar sus pañales. Ella trajo alegría a toda la familia. Sé como mi madre María.

Señor, me encanta traer tu alegría a los demás.
Dame la fuerza para llevar a cabo todo
lo que quieres que haga por ti.
María, mi madre, ruega por mí.

MI ESPÍRITU SE DESPIERTA

"Mi alma proclama la grandeza del Señor;
Mi espíritu se regocija en Dios mi Salvador,
porque ha visto la humildad de su sierva;
He aquí, de ahora en adelante todas las
edades me llamarán bienaventurada. "

LUCAS 1: 46-48

La alegría es uno de los frutos del Espíritu Santo. Mi madre se llenó del Espíritu Santo cuando oyó que ella sería la madre de Dios. Tú también te llenaste de mi Espíritu en el bautismo. En unos días la Navidad estará aquí. Prepárate para recibirme como mi madre. Haz espacio en tu corazón para mí. Colócame en el centro de tu vida y nunca me dejes ir. Invítame a quedarme contigo siempre. Comparte conmigo todas tus alegrías y tristezas. Quiero estar contigo cada momento de tu vida. Anhelo ser amado por ti y por todos. Tú eres mi hija preciosa y te he redimido con mi sangre en la cruz. Eres mía. Alégrate y regocíjate. Ten en cuenta que me perteneces.

Ven a mi, mi Jesús.
Mi corazón está alegre y ansioso
de recibirte en mi corazón

EL FUEGO DEL REFINADOR

"Porque él es como el fuego del refinador, o como la lejía de los lavanderos. Él se sentará refinando y purificando la plata, y purificará a los hijos de Leví, refinándolos como oro o como plata, para que ofrezcan el debido sacrificio al Señor. "

MALAQUÍAS 3: 2-3

En mi visión vi a un hombre trabajando. Estaba golpeando el metal con su martillo e intentó moldearlo en el horno para moldearlo en forma de corazón. Jesús me dijo: "Mi hija preciosa, cada día estás siendo refinada. Cuando estés listo para renunciar a tu propia agenda totalmente por mi bien, es cuando tu corazón se convertirá en oro, tan puro que seré capaz de verme en tu corazón. Sólo entonces la gente podrá verme en ti. Sólo entonces, la gente me conocerá a través de ti. Ya no te verán sino a mí. Soy un hábil refinador y no le haré daño ni le haré daño. Soy amable y paciente con usted. No tienes nada que temer. Cuando tu corazón llegue a ser como el mío, brillarás como el sol de la mañana. Te regocijarás en mi amor.

Señor, transfórmame a tu imagen y semejanza. Quiero hacer tu voluntad siempre. Tú eres más precioso para mí que el oro y la plata.

NUESTRA SALVACIÓN

" y nos ha dado un poderoso Salvador
en la casa de David, su servidor,."

LUCAS 1:69

Mi hija amorosa, he enviado a mi único Hijo al mundo para mostrarte lo que es el verdadero amor. Jesús tiene un corazón lleno de compasión y misericordia. Él te ama a ti y a todos con mi amor perfecto. Su corazón se dirige a cualquiera que me llame. Vino a salvarte. Su amor es un amor sacrificial; Él pone su vida por ti. No hay amor mayor que el suyo. ¿Puedes imaginarte dando tu propio hijo a morir en la cruz por otros? ¿Puedes? Esta Navidad, mi amoroso hijo, que tu corazón se llene de mi amor para que puedas reflejar el amor de Jesús a todos. Especialmente aquellos que necesitan más su amor.

¡Aleluya! ¡Bendito el que viene
en el nombre del Señor!
¡Hosanna en lo más alto!

RADIANTE

> *"Entonces serás radiante en lo que ves, tu corazón palpitará y desbordará, porque las riquezas del mar serán vaciadas delante de ti, las riquezas de las naciones te serán traídas."*
>
> Isaías 60: 5

Hija Mía, soy la luz del mundo. Cuando te acerques a mí recibirás luz radiante. Tu rostro resplandecerá de deleite porque verás todos los milagros y maravillas que sólo yo puedo hacer. Te regocijarás y tu corazón rebosará de temor. Verás mi gloria mientras te acercas cada vez más a mí. Sabrás cuánto te amo y me preocupo por ti. Tu rostro brillará como una persona que está enamorada. Su corazón saltará con alegría y sus pasos serán acelerados con esperanza. No hay nada que no te dé. Todos los tesoros son para que los tomes, porque yo soy tu Cristo.

Cristo Jesús, mi Señor y mi Dios. Te adoro y te adoro. Tú eres mi Rey de Reyes y Señor de Señores.

DEBE ESTAR PREPARADO

"Ustedes también estén preparados,
porque el Hijo del hombre vendrá
a la hora menos pensada."

MATEO 24:44

En mi visión vi a gente preparándose para una gran tormenta para llegar a su ciudad. Ellos estaban subiendo sus ventanas de cristal, comprando mucha agua y comida para durar unos días y poner la casa en orden para que no hubiera el menor daño.

Jesús me dijo: "Así es contigo. Prepárate para mi venida cuando menos te lo esperas. Ponte la armadura de Dios todos los días, lee las Escrituras y guarda mis palabras en tu corazón. Recibe mi cuerpo y mi sangre para poder fortalecerte durante las pruebas. Ve a la confesión a menudo y prepara tu alma para encontrarme cuando venga.

Ora constantemente en y con el Espíritu. Haz el bien mientras aún tienes tiempo. Los días son cada vez más cortos y más cortos. No te quedes sentado sin hacer nada viendo la televisión durante horas. Cada minuto es precioso. Hija mía, cuando yo venga, prepárate para recibirme. Voy pronto."

TESTIGO

> " les prediqué y les enseñé tanto en
> público como en privado, instando a
> judíos y a paganos a convertirse a Dios
> y a creer en nuestro Señor Jesús."
>
> HECHOS 20:21

Mi hija amorosa, para ser un testigo es contar a otros acerca de sus propias experiencias conmigo. No hay mensaje más grande que decir a los demás lo que he hecho por ti. La gente te creerá cuando vean la sonrisa en tu cara. Ellos sabrán que he transformado tu vida. Te he dado gracia tras gracia. Serás como Esteban, cuya cara se convirtió en un ángel antes de ser apedreado hasta la muerte. Vio el cielo abierto y no tenía miedo de morir. Así es con ustedes, cuando sienten mi presencia y saben cuánto los amo, brillarán con alegría y querrán contarles a todos acerca de mí. Sé mi testigo en todo momento a cualquiera que esté abierto a oír las buenas nuevas. Transformará sus vidas. Aumentará su fe en mí.

> Señor Jesús, has hecho tantos milagros
> en mi vida. Les diré a los demás lo
> grande que son. Iré y seré tu testigo.

LA LEY

> *" Les aseguro que no desaparecerá ni una i ni una coma de la Ley, antes que desaparezcan el cielo y la tierra, hasta que todo se realice.*
>
> MATEO 5:18

En mi visión vi una casa construida sobre pilares. Mientras todos los pilares estuvieran intactos, la casa no corría peligro de caer en el agua. Pero cuando los polares se rompieron, la casa se derrumbó y cayó.

Jesús me dijo: "Hija amorosa, las leyes son como los pilares que te apoyan en todo lo que haces. Cuando rompes una de mis leyes, tu fundamento se sacude. Sólo a través del arrepentimiento y la confesión será capaz de reconstruir su casa. Yo soy tu piedra angular. Sin mí, caerás. Sin las leyes perecerás. Todo tu bienestar se basa en la ley del amor. Sin amor no podrás vivir una vida abundante".

Mi Roca y mi Salvador, sobre ti edificaré mi casa.
Tu ley es mi deleite y mi fortaleza.

EL FIN

> *"Cuando oigas de guerras e insurrecciones, no te aterrorices; Porque tales cosas deben suceder primero, pero no será inmediatamente el fin. "*
>
> LUCAS 21: 9

En mi visión vi a Jesús resucitado en una prenda deslumbrante que descendía del cielo.

Jesús me dijo: "Hija Mía, yo soy tu esperanza y tu salvación. No importa cuan mala sea la situación en la tierra, usted no tienen nada que temer. Estaré contigo hasta el fin de los tiempos.

Te protegeré de todo mal. No te dejaré ni te desampararé. Porque eres precioso delante de mí. Yo vendré y os traeré a mi Padre. El Espíritu Santo te dará la sabiduría y el conocimiento para conocer la verdad y seguirme en tiempos de peligro. Tendrás el coraje de pasar por todas las pruebas. No tengas miedo en tu corazón. Nada te tocará a menos que sea permitido por mí. Nunca te dejaré. Eres mi hija amada.

> *Mi Jesús, anhelo el día en que te vea cara a cara. Tú eres mi Salvador y mi Redentor. En ti confío.*

AMA EL MUNDO

> *"Si alguno ama al mundo, el amor del*
> *Padre no está en él. Porque todo lo que hay*
> *en el mundo, la lujuria sensual, seducción*
> *para los ojos y una vida pretenciosa, no*
> *proviene del Padre, sino del mundo. "*
>
> I JUAN 2: 15-16

En mi visión vi una rueda de la fortuna en un recinto ferial todo iluminado que daba vueltas y vueltas. Jesús me dijo: "Hija mía, cuando disfrutas de cosas mundanas, es como montar en una noria. No va a ninguna parte, excepto en redondo y redondo. Pero cuando me pones primero en tu vida, subes una escalera al cielo. Serán guiados por mis ángeles a ambos lados de la escalera como los ángeles que Jacob vio en su sueño.

Buscadme y subid por la escalera. A veces la escalada parece difícil en comparación con montar la rueda de la fortuna. Pero la escalera te llevará al cielo, mientras que la noria te lleva a ninguna parte. No tiene ningún propósito excepto para darle placer temporal mientras tú estás montada en él. Elíjeme. Elige el camino estrecho.

> *Gracias, Señor, por tus palabras de sabiduría.*
> *Subiré la escalera con tu ayuda.*
> *Fortalecedme y llevadme a vuestro corazón.*

AÑO DEL JUBILEO

> *"En el año cincuenta, tu año de jubileo, no*
> *sembrarás, ni segarás el retoño, ni recogeréis*
> *las uvas de las vides sin recortar."*
>
> LEVÍTICO 25:11

En mi visión vi trompetas tocadas y gente celebrando y regocijándose.

Jesús me dijo: "Hija amorosa, es bueno detener y celebrar los hitos de tu vida. Necesitas reconocer todas las bendiciones que te he dado en el año anterior. Que todos los errores pasados sean borrados con mi preciosa sangre. Deja que tu vida comience con una pizarra limpia. ¡Alégrate y regocíjate.!

Este es el año del jubileo para ti, porque te he redimido y perdonado todos vuestros pecados pasados. Toda tu familia será bendecida por ti. Volverás a mí y te regaré con mi amor y perdón. Que no haya más lágrimas y vergüenza. Este es el año para que ustedes se regocijen en el Señor ".

> *¡Alégrate y regocíjate! Gracias, Señor,*
> *por darme este año especial de gracia.*
> *Lléname de tu esperanza y amor*

ADENDA

Acerca de San Juan Edues

Nacido en Francia el 14 de noviembre de 1601, la vida de San Juan Eudes abarcó el "Gran Siglo". La "Era del Descubrimiento" había revolucionado la tecnología y la exploración; el Concilio de Trento inició una reforma que era muy necesaria en la Iglesia; entre la gente común, era el comienzo de una edad de oro de santidad y fervor místico.

SU HERENCIA ESPIRITUAL

No menos de siete Doctores de la Iglesia habían vivido en el siglo anterior. Grandes reformadores como San Francisco de Sales, Santa Teresa de Ávila y San Juan de la Cruz habían dejado una marca indeleble en la fe católica. Su influencia aún estaba fresca cuando San Juan Eudes entró en escena.

Fue educado por los jesuitas en la zona rural de Normandía. Fue ordenado sacerdote en el Oratorio de Jesús y María, una sociedad de sacerdotes que acababa de fundarse según el modelo del Oratorio de San Felipe Neri en Roma. El fundador fue el cardenal Pierre de Bérulle, un hombre reconocido por su santidad y nombrado "el apóstol del Verbo Encarnado" por el Papa Urbano VII. Completando el legado de San Juan Eudes está la influencia de los Carmelitas Descalzos. Su director espiritual, el propio Cardenal Bérulle, había traído hermanas del convento de Santa Teresa de Ávila para ayudar a fundar el Carmelo en Francia. Juan Eudes más tarde se convertiría en director espiritual de un con-

vento carmelita. Su claustro oraba constantemente por su actividad misionera.

SU VIDA DE MINISTERIO

Como un ávido participante en una ola de re-evangelización en Francia, el apostolado principal de San Juan Eudes fue predicar misiones parroquiales. Pasando entre 4 y 20 semanas en cada parroquia, predicó más de 120 misiones a lo largo de su vida, siempre con un equipo de confesores que ofrecían los sacramentos durante todo el día y catequistas que se reunían diariamente con pequeños grupos de feligreses.

Al principio de su sacerdocio, un brote de peste golpeó la región natal de San Juan Eudes, los que hizo que se apresurara a ir y dar los sacramentos a los moribundos. El riesgo de contagio era tan grande que nadie más se atrevía a acercarse a las víctimas. Para proteger a sus hermanos Oratorianos del contagio, San Juan Eudes tomó residencia en un gran barril de sidra vacío fuera de las murallas de la ciudad hasta que la plaga terminó.

SUS FUNDACIONES

Durante sus misiones, escuchó un sinnúmero de confesiones, incluidas las de mujeres obligadas a prostituirse. Al darse cuenta de que necesitaban una sanación y apoyo intenso, comenzó a fundar "Casas de refugio" para ayudarlos a salir de la calle y comenzar una nueva vida. En 1641 fundó las Hermanas de Nuestra Señora de la Caridad del Refugio para continuar con este trabajo. Las hermanas vivían con ellas y contantemente les brindarían apoyo. Hoy, estas hermanas son conocidas como las Hermanas del Buen Pastor, inspiradas por su cuarto voto de celo por salir a buscar a la "oveja perdida".

Ocasionalmente, San Juan Eudes regresaba al sitio de una misión anterior. Para su consternación, descubrió que los frutos de la misión se desvanecían constantemente por falta de apoyo. La pieza crucial en la necesidad de cambio fue el sacerdocio. En ese momento, la única forma de capacitarse como sacerdote era a través del aprendizaje. El resultado de este entrenamiento fue tan horriblemente inconsistente que el término "hocus pocus" fue inventado durante este tiempo para describir el latín corrupto usado por sacerdotes muy poco entrenados durante la consagración en la misa. En 1643 dejó el Oratorio y fundó la Congregación de Jesús y María para fundar un seminario. La formación en el seminario era un concepto radicalmente nuevo que acababa de proponer el Consejo de Trento.

SU MARCA EN LA IGLESIA

En una misión en 1648, San Juan Eudes celebró la primera misa de la historia en honor del Corazón de María. En 1652 construyó la primera iglesia bajo el patronazgo del Inmaculado Corazón: la capilla de su seminario en Coutances, Francia. Durante el proceso de su canonización, el Papa San Pío X nombró a San Juan Eudes como "el padre, doctor y apóstol de la devoción litúrgica a los Sagrados Corazones de Jesús y María". Al Corazón de Jesús porque él también celebró la primera Fiesta del

Sagrado Corazón en 1672, justo un año antes de que Santa Margarita María Alacoque tuviera la primera aparición del Sagrado Corazón.

Aunque su devoción mariana fue intensa desde una tierna edad, la inspiración principal para esta fiesta vino de la teología del bautismo de San Juan Eudes. Desde el comienzo de su carrera misionera, enseñó que Jesús continúa su encarnación en la vida de cada cristiano bautizado. Cuando nos entregamos a Cristo, nuestras manos se convierten en Sus manos, nuestro corazón se transforma en Su corazón. María es el último ejemplo de esto. Dio su corazón a Dios tan completamente que ella y Jesús tienen un solo corazón entre ellos. Por lo tanto, quien ve a María, ve a Jesús y el que honra el corazón de María nunca está separado de honrar el corazón de Jesús.

¿DOCTOR DE LA IGLESIA?

Al momento de escribir este libro, los Obispos de todo el mundo han pedido que el Vaticano proclame a San Juan Eudes como un Doctor de la Iglesia. Esto reconocería su contribución única a nuestra comprensión del Evangelio y su ejemplar santidad de vida que se destaca incluso entre los santos. Para obtener más información sobre el progreso de esta causa, sobre sus escritos o espiritualidad, o para inscribirse en las actualizaciones de nuestro boletín electrónico, póngase en contacto con spirituality@eudistsusa.org.

Acerca de la familia Eudista

Durante toda su vida, la actividad misionera de San Juan Eudes tuvo tres áreas principales de enfoque:

+ Para los sacerdotes, proporcionó formación, educación y el apoyo espiritual que es crucial para su papel en el plan de salvación de Dios.

+ Para las prostitutas y otras personas al margen de la sociedad, les dio un hogar y les curó las heridas, como el Buen Pastor con su oveja perdida.

+ Para los laicos, predicó la dignidad de su bautismo y su responsabilidad de ser las manos y los pies de Dios, para continuar la Encarnación.

En todo lo que hizo, se quemó con el deseo de ser un ejemplo viviente del amor y la misericordia de Dios.

Estos son los "valores familiares" que continúan inspirando a quienes continúan su trabajo. Parafraseando a San Pablo, Juan Eudes sembró semillas, que otros regaron a través de las instituciones que él fundó, y Dios dio el crecimiento. Hoy, el árbol genealógico sigue dando frutos:

La Congregación de Jesús y María (CJM), también conocida como Los Eudistas, continúa el esfuerzo de formar y cuidar a los sacerdotes y otros líderes dentro de la Iglesia. San Juan Eudes llamó a esto la misión de "enseñar a los maestros, pastorear a los pastores e iluminar a los que son la luz del mundo". Continuando con sus esfuerzos como predicador misionero, los sacerdotes y hermanos Eudistas "audazmente buscan abrir nuevas avenidas" para la evangelización, "a través de la televisión, la radio y los nuevos medios".

Las Religiosas del Buen Pastor (RBP) continúan alcanzando a las mujeres en situaciones difíciles, proporcionándoles un lugar de refugio y sanación profundamente necesario, mientras buscan una nueva vida. Santa María Eufrasia expandió grandemente el alcance de esta misión que ahora opera en más de 70 países en todo el mundo. Una verdadera heredera de San Juan Eudes que exhortó a sus hermanas: "Debemos ir tras la oveja perdida sin otro descanso que la cruz, ni otro consuelo que el trabajo, y ninguna otra sed que la justicia".

En cada seminario y Casa de Refugio fundada por San Juan Eudes, él también estableció una Confraternidad del Corazón de Jesús y María para los laicos, ahora conocidos como los Asociados Eudistas. La misión que les dio fue doble: Primero, "glorificar los corazones divinos de Jesús y María ... trabajando para hacerlos vivir y reinar en su propio corazón a través de la imitación diligente de sus virtudes". Segundo, "trabajar por la salvación" de almas ... practicando, de acuerdo con sus habilidades, obras de caridad y misericordia y logrando numerosas gracias mediante la oración por el clero y otros trabajadores apostólicos ".

Las Hermanitas de los Pobres fueron una consecuencia de esta cofradía. Santa Jeanne Jugan se formó como una mujer consagrada dentro de la Familia Eudista. Ella descubrió la gran necesidad de amor y misericordia entre los pobres y los ancianos, y la misión adquirió vida propia. Les transmitió la intuición

Eudista de que los pobres no son simplemente recep-
tores de la caridad, sino que proporcionan un encuentro
con la propia Caridad: "Hijitos míos, nunca olviden que
los pobres son Nuestro Señor ... Al servir a los ancianos,
es Él A quien sirves".

Un último "brote" en el árbol fue fundado por la
Madre Antonia Brenner en Tijuana, México. Después
de criar a sus hijos en Beverly Hills y sufrir el divorcio,
siguió el llamado de Dios para convertirse en una ministra de prisión interna en la penitenciaría de La Mesa en
Tijuana, México. Las Siervas Eudistas de la Undécima
Hora se fundaron para que otras mujeres en la última
parte de sus vidas pudieran imitarla en "ser amor" a los
más necesitados.

El ejemplo que San Juan Eudes estableció para
vivir el Evangelio ha inspirado a muchas más personas
y organizaciones en todo el mundo. Para obtener más
información acerca de la familia Eudista, noticias sobre
próximas publicaciones o formas de compartir nuestra
misión, contáctenos en spirituality@eudistsusa.org.

www.eudistsusa.org

Somos misioneros de LA MISERICORDIA

THE
EUDISTS
CONGREGATION OF
JESUS AND MARY

Más de Eudist Press International

- Un corazón en llamas: San Juan Eudes, modelo para la nueva evangelización
- Itinerario espiritual para hoy con San Juan Eudes
- Leccionario eudista: una cartilla sobre San Juan Eudes

Serie "Devocionarios Eudistas"

- Volumen 1: Corazón de la sagrada familia: Un manual de oracion
- Volumen 2: Más que 50 pepitas: Meditaciones del rosario para el año litúrgico.
- Volumen 3: Una semana santa cada semana: Meditaciones diarias para la semana
- Volumen 4: 34 llamas del amor divino: Elevaciones del corazón hacia dios
- Volumen 5: En el umbral de la vida: Un retiro autodirigido para celebrar tu cumpleaños
- Volumen 6: En el umbral de la eternidad: Un retiro autodirigido para prepararse para una muerte feliz

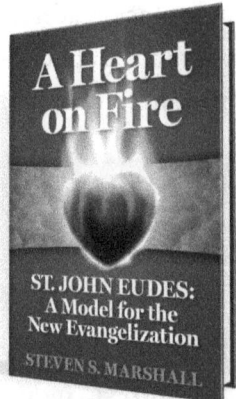

- San Juan Eudes: obrero para la nueva evangelización en el siglo XVII
- En todas las cosas, la voluntad de Dios: San Juan Eudes a través de sus cartas

Más de St. John Eudes

Obras seleccionadas de St. John Eudes

- *La vida y el reino de Jesús en las almas cristianas*
- *El Sagrado Corazón de Jesús*
- *El admirable corazón de María*
- *El sacerdote: su dignidad y sus obligaciones.*
- *Meditaciones*
- *Cartas y obras más cortas.*

Otros trabajos

- *Contrato del hombre con Dios en el santo bautismo*
- *La maravillosa infancia de la Madre de Dios*

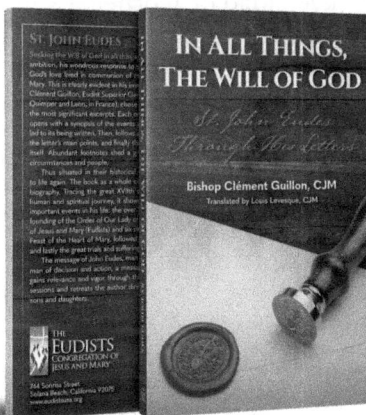

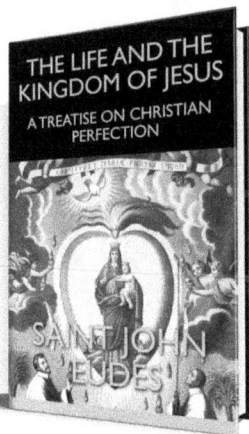

Visita el
Librería Eudista
a
www.bit.ly/SJEudes

Sobre la Autora

Lily L. Loh es una ministra de oración de sanación en la iglesia de Saint James y en el Christian Healing Center en California. Es miembro de la Orden de San Lucas y de la Asociación de Terapeutas Cristianos. Lily tiene un B.S. de la Universidad de Purdue y M.A. de la Universidad de Cornell. Es maestra jubilada y autora de tres libros. Lily es madre de dos hijos, tres nietos y ha vivido en cuatro continentes.

ListenToGodDaily@yahoo.com